C000000653

SUPERA LA PROCRASTINACIÓN Y EL PENSAMIENTO EXCESIVO 2 EN 1

DESARROLLA TU AUTODISCIPLINA, FORTALEZA MENTAL Y HÁBITOS SALUDABLES DE ATENCIÓN PLENA PARA ALCANZAR TU POTENCIAL Y SUPERAR TUS METAS

STEWART HUNTER

DEVON HOUSE
PRESS

© **Copyright 2020 - All rights reserved.**

The contents of this book may not be reproduced, duplicated or transmitted without direct written permission from the author.

Under no circumstances will any legal responsibility or blame be held against the publisher for any reparation, damages, or monetary loss due to the information herein, either directly or indirectly.

Legal Notice:

This book is copyright protected. This is only for personal use. You cannot amend, distribute, sell, use, quote or paraphrase any part or the content within this book without the consent of the author.

Disclaimer Notice:

Please note the information contained within this document is for educational and entertainment purposes only. Every attempt has been made to provide accurate, up to date and reliable complete information. No warranties of any kind are expressed or implied. Readers acknowledge that the author is not engaging in the rendering of legal, financial, medical or professional advice. The content of this book has been derived from various sources. Please consult a licensed professional before attempting any techniques outlined in this book.

By reading this document, the reader agrees that under no circumstances is the author responsible for any losses, direct or indirect, which are incurred as a result of the use of information contained within this document, including, but not limited to, —errors, omissions, or inaccuracies.

ÍNDICE

I

DIAGNÓSTICO DE LA CAUSA RAÍZ

LO QUE DEBE SABER SOBRE LA PROCRASTINACIÓN Y EL PENSAMIENTO EXCESIVO

NO ESTÁS SOLO EN ESTO

La procrastinación se define como el aplazamiento de tareas, ya sea a sabiendas o no. Se deriva del latín pro-crastinus, que significa pertenecer al mañana. Por supuesto, no hay mucho que se pueda lograr en un día, y algunas cosas deben dejarse para el día siguiente. Pero cuando estas cosas se posponen habitualmente, se trata de algo más que de la gestión del tiempo.

La gente pospone haciendo diferentes tipos de cosas, y lo hacen todo el tiempo, se den cuenta o no. Se estima que aproximadamente el 20% de los encuestados se consideran procrastinadores crónicos. Obtener una extensión para presentar las declaraciones de impuestos es un ejemplo clásico de simplemente postergar una tarea desagradable. Desafortunadamente, el cuidado de la salud es a menudo objeto de procrastinación. Pero la gente también pospone los planes para escribir una novela, tomar unas vacaciones y otras actividades agradables.

¿Por qué es esto así? ¿Nuestra vida cotidiana es tan ajetreada que simplemente no nos podemos hacer tiempo, o hay otras cosas en juego? Y aunque no podemos añadir más horas al día, podemos reconocer cuando hemos caído en un ciclo de aplazamiento y cómo salir de él, de modo de aprovechar al máximo las horas y los días que tenemos a nuestra disposición. El viejo refrán dice, "sólo te arrepientes de las cosas que no has hecho". Y la razón por la que la mayoría de la gente no hace estas cosas es la procrastinación y el pensamiento excesivo.

En nuestra sociedad cada vez más clamorosa, es cada vez más fácil postergar las cosas. Internet por sí solo, proporciona innumerables formas de perder el tiempo; desde videos en YouTube hasta chatear con amigos en Facebook o publicar cosas en sus cuentas de Instagram o Twitter. Incontables canales de cable y streaming proporcionan más contenido del que cualquier persona podría ver en toda su vida. Por lo tanto, es fácil posponer las cosas, demasiado fácil.

Lo que es importante recordar es que prácticamente cualquier cosa en la vida es más importante que un video de un bebé panda o una repetición de algún programa de televisión. La vida es corta, y la procrastinación sólo te roba el poco tiempo que tienes. Por eso es tan importante reconocer esta peligrosa práctica y aprender a controlarla. Es muy fácil, pero requiere un poco de conciencia y una cabeza clara sobre lo que estamos tratando.

La gente tiene una variedad de razones para procrastinar y pensar negativamente. A menudo establecen estándares que son imposibles de alcanzar, y por lo tanto, nunca tratan de estar a la altura. Pueden convencerse a sí mismos de que es mejor no arriesgarse y fracasar, o que todo en sus vidas debe ser fácil y sin desafíos. Cuando el desafío se presenta, el procrastinador se da margen de maniobra para hacer cualquier otra cosa. Otras inseguridades, como el miedo al rechazo personal, también pueden ser factores.

Para entender mejor lo que es la procrastinación, es útil recordar lo que no es. Descansar no es postergar. Nadie puede trabajar sin parar; todos necesitamos recargar nuestras baterías. Eso es parte de una vida bien equilibrada. Del mismo modo, la procrastinación no es pereza. La gente perezosa carece de las metas o la motivación para alcanzarlas. La procrastinación ocurre cuando una persona quiere o necesita lograr un objetivo, pero no logra hacerlo. A menudo se trata de una cuestión de motivación.

Una forma de ver la procrastinación es examinar el concepto de motivación. Si estamos muy motivados, es más probable que logremos lo que necesitamos y menos probable que lo pospongamos. Las multas y otras responsabilidades penales, son grandes motivadores para conseguir que se presenten esos impuestos a tiempo, ¿verdad?

Pero hay diferentes tipos de motivación, y algunos han demostrado ser menos exitosos que otros. La motivación extrínseca, o una motivación basada en la recompensa, demuestra estimular menos dopamina en el cerebro y, por lo tanto, resulta en un menor rendimiento. La motivación basada en el objetivo es más fuerte, pero puede tener una tendencia a perder su potencia después de alcanzar el objetivo. La motivación intrínseca, tiene en su núcleo una visión interna, que se traslada de una meta a otra, una que expresa los verdaderos objetivos del creador en la vida. Algunas personas solían decir que la presión es un gran motivador, pero ahora sabemos que el estrés que crea, es casi siempre contraproducente.

Algunas personas están motivadas negativamente para postergar, un sentido de rebelión contra el tener que hacer tareas desagradables en primer lugar.

Sin embargo, uno puede caer en el hábito de la procrastinación, reconociendo que el ciclo es una buena manera de romperlo. Generalmente, la procrastinación comienza con la inacción, luego la culpa que te lleva a dudar de ti mismo, que genera a un sentimiento de impotencia. Básicamente, el protagonista puede decir de sí mismo, "*No lo hice, debería haberlo hecho, tal vez no puedo hacerlo, tal vez no puedo hacer nada*". Aquí vemos el peligro de pensar demasiado, ya que fijarse mentalmente en este ciclo sólo hace que el ciclo sea más fuerte. Más pensamiento en esta línea sólo empeora el problema.

No es una forma muy agradable o productiva de pensar, ¿verdad? Sin embargo, es bastante común y está dentro de tu capacidad el poder de resolverlo. Una cosa a tener en cuenta es que el ciclo puede romperse en cualquier etapa simplemente haciendo lo que uno no hizo en primer lugar.

Muchas personas superan la procrastinación creando una visión personal, una que crea prioridades que motivarán e iluminarán el enfoque, no sólo de una tarea, sino de todas las tareas, ya que todas sirven a la visión personal general, de una manera u otra. Las listas de tareas son también una forma popular y efectiva de organizar varias tareas y asegurar su cumplimiento. Los mejores hábitos también reducen las demoras, y muchas personas mantienen una lista de hábitos para ayudar a desarrollar nuevos y mejores hábitos a medida que reemplazan los viejos. Muchos procrastinadores reservan tiempo para reuniones con ellos mismos, en las que consideran y reconsideran su visión personal y se centran en sus prioridades.

LAS CONSECUENCIAS DE LA PROCRASTINACIÓN Y EL PENSAMIENTO EXCESIVO

Los resultados de la procrastinación y el exceso de pensamiento pueden ser de gran alcance y perjudiciales. Se trata de algo más que de no hacer algunas cosas, se trata de los efectos duraderos que esto puede tener en tu vida.

Ya hemos considerado la pérdida de tiempo que la procrastinación crea, años que pasan improductivamente, quizás décadas o incluso toda una vida. Esto causa vergüenza, depresión, y el espiral descendente sólo empeora. Esto hace que se pierdan oportunidades de cambiar de vida, ya sea por la depresión, un sentimiento de impotencia para tener éxito, o simplemente por la falta de preparación. La procrastinación y el exceso de pensamiento son a menudo la raíz de las tres. La procrastinación también puede impedir que se alcancen los objetivos a largo plazo, ya que bloquea a la persona que la sufre, que entonces, no puede dar los primeros pasos cruciales para mejorar su vida y lograr sus objetivos. El fracaso en el logro de estos objetivos, puede tener consecuencias en la carrera profesional, como la falta de formación o desarrollo que impide ciertos ascensos. Esa falta de éxito profesional, puede fácilmente causar depresión y disminución de la autoestima. Esto puede preparar el terreno para tomar decisiones equivocadas y alcanzar objetivos menores en lugar de objetivos más inteligentes y a largo plazo. Esto puede ser perjudicial para tu reputación, perjudicando aún más las perspectivas profesionales, inspirando una mayor depresión, etc. Como podemos ver, la procrastinación es un espiral descendente.

Los ejemplos concretos del efecto corrosivo de la procrastinación en la vida de cualquiera son claros y es muy sabio de tenerlos en cuenta. Aplazar una visita al médico o al dentista, tendrá casi seguro efectos adversos en tu salud. Posponer el pago de las facturas de los servicios públicos hará que le corten esos servicios. Si no se cumple el plazo de pago de los impuestos, habrá multas y quizás persecución criminal. Al posponer las tareas del trabajo o la escuela y puedes ser sancionado con un descenso de categoría o con una calificación reprobatoria.

Los estudios también muestran que los procrastinadores son más propensos a realizar actividades peligrosas como fumar, tomar sustancias controladas, sexo sin protección, abuso de alcohol y malos hábitos de conducción.

Al mismo tiempo, puede ser beneficioso postergar y pensar demasiado. Tomarse un poco más de tiempo antes de hacer una tarea permite la reflexión y la consideración y puede evitar una actuación precipitada y evitar algún mal menor. A menudo, la procrastinación es en realidad sólo priorizar. Podrías hacer primero las tareas más fáciles de tu lista de tareas, posponiendo las más complejas hasta que las más simples estén hechas. Y a menudo, la procrastinación no tiene efectos obvios a largo plazo cuando el trabajo finalmente se hace, incluso si fue en el último minuto. Muchos procrastinadores lo ven como una situación *sin daños ni faltas.*

Veamos más de cerca el exceso de pensamiento por sí mismo. Si la procrastinación es el impedimento de una cierta acción, el exceso de pensamiento es a menudo la causa. Los ejemplos de exceso de pensamiento son bastante comunes, y es una trampa fácil de caer en ella. Puedes concentrarte tanto en un proyecto de trabajo que te mantiene despierto por la noche. O podrías estar reviviendo una discusión que tuviste con un miembro de la familia y ser incapaz de sacártela de la cabeza. Si es así, probablemente estés pensando demasiado.

Recuerda que los pensamientos causan emociones, y pensar demasiado puede crear emociones difíciles de manejar e incontrolables.

Muy a menudo, la ansiedad está en el centro de la procrastinación y el exceso de pensamiento. La ansiedad es la reacción normal al estrés, pero la ansiedad continua suele ser una condición o conjunto de condiciones peligrosas: trastorno de ansiedad generalizada, ansiedad social o trastorno de pánico. Cerca de 40 millones de adultos estadounidenses sufren de un tipo u otro de trastorno de ansiedad.

Pensar demasiado puede llevar a una parálisis de análisis, en la que se puede gastar tanto esfuerzo considerando diferentes opciones o escenarios, que nunca se hace una elección inicial, y, por lo tanto, no se hace nada en absoluto.

Analizar demasiado algo puede interferir con el descubrimiento de la solución. Muy a menudo, nuestro enfoque puede llegar a estar tan fijado en el problema, que lo perdemos de vista. Caminar o ducharse puede a veces romper este ciclo, ya que tu enfoque se convierte en algo simple y mundano que requiere poco pensamiento, y tu mente se desbloquea para reexaminar el problema original. Pensar demasiado, a menudo interrumpe los patrones de sueño, lo que a su vez puede tener una variedad de efectos perjudiciales tanto en su salud física como mental. ¡Pensar demasiado puede desencadenar enfermedades mentales e incluso el suicidio!

Hay una variedad de formas de combatir el exceso de pensamiento, incluyendo el ser consciente del momento y tratar de no vivir demasiado en el pasado o en el futuro, y ser más indulgente contigo mismo. Hay algunas cosas que no puedes controlar, después de todo.

Y no estás solo. Un estudio de la Universidad de Michigan encontró que el 52% de las personas de entre 45 y 55, años piensan demasiado, y el 73% de los adultos entre 25 y 35 años también lo hacen.

Un estudio reciente del Reino Unido, demostró que ciertas partes del cerebro humano son más creativas cuando el proceso cognitivo se calma. De acuerdo con el estudio, el exceso de pensamiento se frustra naturalmente con el cerebro tranquilo y creativo.

Pensar demasiado también consume una cantidad sorprendente de energía y puede dejar a cualquiera exhausto e incapaz de salir del ciclo de aplazamiento. Y el estrés de pensar demasiado puede producir la hormona del estrés llamada cortisol. Esta hormona puede agotarse, causando una especie de agotamiento mental.

El cortisol también puede aumentar el apetito, lo que crea un patrón de alimentación por estrés. Esto puede causar un gran número de condiciones y enfermedades perjudiciales, incluyendo obesidad, diabetes, insuficiencia cardíaca, derrame cerebral, cáncer y cualquier otro tipo de enfermedades que pongan en peligro tu vida. El aumento de peso también puede tener efectos psicológicos, creando depresión, pérdida de autoestima, aislamiento y soledad, y esto sólo contribuye al ciclo de aplazamiento y exceso de pensamiento.

Una escuela de medicina de Harvard, realizó un estudio sobre el cerebro de personas de entre 60 y 70 años de edad y los contrastó con los cerebros de aquellos de 100 años o incluso más. Los resultados fueron que aquellos que murieron antes tenían menos de la proteína que calma la actividad cerebral. Otros estudios indican que esta proteína, RE1 (REST), puede proteger contra la enfermedad de Alzheimer. Pero puede agotarse por el uso excesivo, que los expertos creen que puede crearse, en estos casos, por pensar demasiado.

El cortisol y otras hormonas, pueden elevar los niveles de azúcar en la sangre y las grasas en la sangre llamadas triglicéridos. Esto puede llevar a una serie de enfermedades, incluyendo mareos, fatiga, aceleración del ritmo cardíaco, dolores de cabeza, dificultad para tragar, incapacidad para concentrarse, sequedad de boca, tensión muscular, irritabilidad, náuseas, respiración rápida, energía nerviosa, temblores y sudoración.

Si estas hormonas no son utilizadas adecuadamente por el cuerpo, los resultados pueden incluir trastornos digestivos, pérdida de la memoria a corto plazo, ataque cardíaco, enfermedad coronaria prematura, tensión muscular y supresión del sistema inmunológico.

La meditación y el ejercicio son buenas formas de combatir el exceso de pensamiento, como lo es un registro de preocupaciones, o un diario de las cosas que son preocupantes o que tienen que ser tratadas, una especie de lista de cosas por hacer para tu cerebro. Los expertos están de acuerdo en que el acto de escribir, es una forma de purgar los temas de tu mente subconsciente y detener el ciclo de pensamiento excesivo. A menudo se recomienda la terapia, y una fuerte red de amigos y familiares para el apoyo, puede a menudo hacer la diferencia.

LA PROCRASTINACIÓN ES UN CICLO, DEVORA TU VIDA SIN QUE TE DES CUENTA DE ELLO

Ya hemos echado un breve vistazo a la procrastinación y el exceso de pensamiento como un ciclo, alimentándose de sí mismo. La procrastinación puede comenzar con la inacción que lleva a la culpa, que luego puede llevar a dudar de uno mismo, resultando en un sentimiento de impotencia.

El ciclo también puede asumir aspectos fisiológicos; los malos hábitos alimentarios, pueden provocar un aumento de peso que se suma a la depresión, y esa depresión puede desencadenar el exceso de pensamiento que estimula las hormonas cerebrales que motivan la sobrealimentación.

Pero el ciclo de aplazamiento y exceso de pensamiento va aún más profundo que eso. Muy a menudo, la procrastinación comienza con la esperanza y la determinación (*"Esta vez empezaré pronto"*) que se convierte en presión después de la consiguiente inacción (*"¡Tengo que empezar!"*). Aquí es donde intervienen la ansiedad y la parálisis, y sólo empeora cuando el procrastinador entra en una falsa esperanza (*"¡Todavía puedo hacerlo!"*) y luego la vergüenza y la auto-recriminación (*"¿Por qué no puedo hacer esto?"*) y luego a menudo la desesperanza

(*"¡No puedo hacer esto!"*) o una repetición del ciclo con un optimismo renovado (*"Empezaré temprano la próxima vez"*). Al día siguiente, todo empieza de nuevo.

Para romper este ciclo, simplemente hay que ir al segundo paso. El primer paso es el mismo, esperanza y determinación (*"Esta vez empezaré temprano"*). Pero remplaza la inacción con la acción en el segundo paso. Hacer un plan, hacer una lista de cosas por hacer (*"Así es como lo haré"*). Luego usa un poco de disciplina para evitar la demora (*"¿Por qué me estoy resistiendo a esto?"*) y luego actúa, aunque sólo sea un paso del proyecto (*"Lo haré"*).

Pensemos en ello de otra manera: Las diversas razones que tiene la gente para postergar, como el miedo al fracaso o la presunción de facilidad de la vida, pueden ser consideradas como reglas o suposiciones inútiles. Entrar en una tarea con tales reglas, sólo crea rechazo por la tarea, lo que conduce a distracciones y otras actividades de procrastinación. Soportas las consecuencias, como el estrés o la socialización negativa, y luego terminas postergando de nuevo la próxima vez.

Pero un simple cambio en esas reglas poco útiles lo cambia todo. En lugar de un sentido de derecho, podrías asumir que la mayoría de las cosas que valen la pena hacer en la vida, van a ser un desafío, que nada que valga la pena es realmente fácil. En lugar de temer al fracaso, tolera el riesgo. El fracaso puede ser corregido, después de todo, y la falta de acción es el verdadero peligro en estos casos. El simple hecho de actuar, es una victoria en gran medida. Cambiar de esas reglas inútiles a reglas útiles, cambia la emoción resultante, que será el orgullo por el progreso en lugar del disgusto por la tarea. Esto significa descartar las prácticas de distracción y procrastinación y completar la tarea en cuestión. Las consecuencias negativas de la procrastinación, la vergüenza y la duda, son reemplazadas por el orgullo en el logro y la nueva confianza para hacer tales cosas. Eso te inspirará a hacer el trabajo la próxima vez, y no aplazarlo en absoluto.

Voilà, el ciclo se ha roto.

¿POR QUÉ ES TAN IMPORTANTE SUPERAR EL EXCESO DE PENSAMIENTO Y LA PROCRASTINACIÓN?

Ya hemos visto las consecuencias de la procrastinación y el exceso de pensamiento; los obstáculos sociales, el costo físico, mental y emocional que puede tener. Pero echemos un vistazo a la otra cara de la moneda, y preguntémonos cuáles son los beneficios de no postergar y no pensar demasiado.

De la misma manera que postergar y pensar demasiado puede limitar severamente lo que una persona puede lograr a lo largo de su vida, también es cierto que no postergar creará una vida mucho más productiva. Puede que no tengas ni idea de las cosas de las que eres capaz o de los éxitos que podrías obtener, simplemente haciendo unos pequeños cambios en tu perspectiva y tus hábitos personales. La única manera de sondear completamente las profundidades de tu potencial, es actuar, y eso significa romper el ciclo de la procrastinación y el exceso de pensamiento.

Ser más productivo impacta en más vidas que la tuya. Te conviertes en un ejemplo para que otros actúen y se esfuercen por alcanzar sus propias metas, y ellos continúan inspirando a otros. Ese es un ciclo positivo que no querrás romper, y continuará sin fin, si sigues siendo productivo.

También te las arreglarás para lograr algo; tal vez algo pequeño y privado, como crear una pieza de joyería o tal vez algo grande y de gran alcance, como crear una empresa de joyería.

Un logro llevará a otro, las oportunidades crean oportunidades. Pero sólo podrás pasar al siguiente proyecto, una vez que hayas completado el actual. Por lo tanto, termina este y podrás pasar al siguiente. Será útil si no piensas demasiado en otros proyectos también. Céntrate en el momento y concéntrate en lo que estás haciendo, en lugar de lo que hiciste o no hiciste en el pasado, o lo que podrás o no podrás hacer en el futuro.

De esta manera, nunca te encontrarás en una rutina mental, porque tus nuevos objetivos y proyectos te mantendrán estimulado mental y físicamente. Y el hecho de tener más cosas que hacer, fomentará una mejor gestión del tiempo.

Tal vez lo más importante, es que aprenderás a tomar riesgos y a conquistar tus miedos. Franklin Delano Roosevelt dijo: *"A lo único a lo que debemos temer, es al miedo mismo"*, y es una forma perfecta de pensar en la procrastinación y el exceso de pensamiento. La ansiedad se acumula y crea duda y miedo, impidiéndonos lograr las cosas que queremos y necesitamos hacer. Pero al sofocar al miedo con una medida de aceptación, encontrarás el coraje para seguir adelante y hacer lo que hay que hacer. Las metas y los sueños se harán realidad, y te librarás de los espirales descendentes de la procrastinación y el exceso de pensamiento.

Pero ningún libro resolverá este problema para ti. Esta guía te ayudará a dar estos pasos por ti mismo, a crear la vida que realmente quieres. A ver la necesidad de una nueva y mejor perspectiva, y a dar el primer paso vital en tu viaje hacia una vida más feliz. Pero hay un camino por recorrer y poco tiempo para llegar a él, así que pongámonos a trabajar y analicemos más de cerca los efectos de tu entorno en la procrastinación y el exceso de pensamiento. Eso puede marcar la diferencia entre perder más de tu valioso tiempo y lograr todo lo que siempre has querido conseguir.

2

TU ENTORNO PODRÍA ESTAR AFECTANDO DRÁSTICAMENTE SUS NIVELES DE PRODUCTIVIDAD SIN QUE USTED SE DÉ CUENTA

ESTÁS MOLDEADO POR LA INFLUENCIA DE LAS PERSONAS QUE TE RODEAN

La gente, los lugares y las cosas que te rodean pueden tener una poderosa influencia sobre ti, así como tú puedes tener una poderosa influencia sobre ellos. Vale la pena notar aquí la diferencia entre influencia y control. El control, es a menudo un esfuerzo inútil; tantas cosas caóticas pueden suceder en el curso de un día, una semana o un mes, que no podemos controlar todo, no importa cuánto lo intentemos. ¡A menudo ni siquiera podemos controlarnos a nosotros mismos!

La influencia, por otro lado, ocurre virtualmente sin esfuerzo. Generalmente, influenciamos a los más cercanos a nosotros más fuertemente que a otros, y también estamos más influenciados por los más cercanos a nosotros. Piensa en la crianza de los hijos; los niños no siempre pueden ser controlados, pero siempre están influenciados, por sus padres más que nadie, en las primeras etapas de la vida. Del mismo modo, un niño no puede generalmente controlar a sus padres (esto no siempre es cierto), aunque, pueden influir en ellos de muchas maneras. Los amigos y los compañeros se convierten en una gran influencia una vez que empiezan a pasar más tiempo con ellos (en la escuela, por las tardes y los fines de semana) que el que pasan con sus propios padres (a menudo restringido a unas pocas horas durante la cena, si eso es así).

Una de las diferencias cruciales, es que la influencia ocurre automáticamente, mientras que el control, requiere de un esfuerzo increíble.

Por lo tanto, al tratar con la procrastinación y el exceso de pensamiento, debes saber primero que lo mejor que puedes hacer, es influenciar las cosas, no controlarlas; y en muchos casos eso es mucho más fácil y efectivo.

Pero debido a que la influencia ocurre sin un esfuerzo concertado, hay que tener cuidado de no convertirse inadvertidamente, en una mala influencia. Esto requiere un poco de disciplina mental, pero vale la pena para ti y los que te rodean.

Nuestros estados de ánimo pueden influir en otros, por ejemplo. Si alguien está muy bien anímicamente, mientras que otro se siente deprimido, es probable que se atraigan mutuamente hacia un punto medio. Algunas personas en sus sentimientos, de una forma u otra, tienden a ser menos afectados y mover a otros más hacia su propio estado de ánimo. Esto puede ser beneficioso cuando la persona es optimista o positiva, pero cuando es constantemente negativa la situación puede ser tóxica para la otra persona.

Para complicar aún más las cosas, una sola persona puede ser más fuerte y resistente un día, y menos en otro. Por ejemplo, durante las vacaciones, algunas personas se encuentran en un terreno menos estable. Por lo tanto, si tú eres una de ellas, y las fiestas se acercan, es prudente ser consciente de tus tendencias para poder controlarlas mejor. Lo mismo ocurre si conoces a alguien a quien le sucede esto, para que puedas evitarlo en estos momentos vulnerables.

Cuando una persona representa una influencia negativa constante, hay poco que puedas hacer para controlar su perspectiva. Pero puedes influenciar siendo un mejor ejemplo y esperar elevarlo a tu nivel. Esto no suele ser una tarea fácil, ya que significa enfrentar y superar tu propia negatividad personal, algo a lo que todos podemos estar sujetos de vez en cuando. Pero esa negatividad, es algo que hay que conquistar de todas formas, ¡así que este es un momento tan bueno como cualquier otro para hacerlo!

Limpiar tu psique y elevar tu influencia positiva, es una buena manera de lidiar con las influencias negativas, pero no siempre será suficiente, y lleva bastante tiempo.

Los efectos de la negatividad, desde dentro o fuera, pueden ser peligrosos, y no deben ser simplemente tolerados. Los estudios muestran que incluso pequeñas cantidades de actividad cerebral negativa, pueden debilitar el sistema inmunológico y provocar un ataque al corazón o un derrame cerebral. Según el Dr. Travis Bradberry, la negatividad puede comprometer la eficacia de las neuronas del hipo-campo, la parte del cerebro que maneja la memoria y el razonamiento.

Por lo tanto, muchos recomiendan simplemente eliminar a esas personas de tu vida. Si no puedes controlarlos o influenciarlos, simplemente remuévelos de tu entorno. Un principio del budismo de Nichiren (la unicidad de la vida y su entorno) establece, a grandes rasgos, que nuestro yo interior se refleja en nuestro entorno. Cuando cambiamos nuestro entorno, influimos en nuestro yo interior. Si eliminas a esas personas tóxicas de tu vida, limpias tu entorno y, por lo tanto, limpias tu interior.

Eliminar a esas personas de tu vida te liberará para pasar más tiempo con mejores influencias y crear un ambiente más fuerte y enri-quecedor.

Encuentra tales influencias positivas en grupos de voluntarios, que elevarán la autoestima de cualquiera. En el trabajo, los mentores son siempre una influencia positiva a pesar de las personalidades negativas con las que te puedes encontrar en casi cualquier ambiente de trabajo.

Si no puedes evitar a esas personas, establece parámetros. Distancia física si puedes. Mucha de la negatividad proviene de la autocompa-sión. En lugar de dejar que un quejoso siga y siga, pregúntele qué medidas positivas piensa tomar para corregir su queja. Resístete a involucrarte en un debate sobre sus sentimientos; no podrás influir en ellos y sólo parecerás autoritario o argumentativo. Nadie gana nunca una discusión.

En lugar de afirmar tus perspectivas o deseos, que son básicamente irrelevantes para estas personas, considera dirigirte a ellos en una serie de preguntas: *"¿Cómo te hace sentir eso? ¿Qué crees que puedes hacer para cambiar las circunstancias de manera que te sientas diferente?"*

Una vez más, considera establecer un nivel más alto de positividad, de manera que esta, pueda influir en tu entorno y en ti mismo. Lleva algunos bocadillos al trabajo, hazle un cumplido a alguien. Eso elevará la positividad de todos los que te rodean y eso te ayudará a mantener una alta positividad a cambio.

Los investigadores generalmente están de acuerdo en que la negatividad puede ser contagiosa. Una investigación en la Universidad de Indiana, recientemente encontró que las opiniones negativas de los demás ejercen una influencia más fuerte en las personas, que las opiniones positivas. Incluso aquellos con opiniones positivas fueron más fácilmente influenciados por aquellos con opiniones negativas, y la discusión sólo aumentó la incidencia de la influencia negativa sobre la positiva.

El psicólogo Shilagh Mirgain, Doctor en filosofía, lo expresa de esta manera: "La felicidad no es sólo una experiencia personal, sino que se ve afectada por los individuos que te rodean". La negatividad de una persona, por ejemplo, puede irradiarse a otros en ese entorno, afectando a todo el grupo.

La investigación de Mirgain, también indica que la felicidad de un solo individuo, puede tener un efecto dominó de hasta tres grados de separación (nosotros, nuestros amigos, y luego los amigos de nuestros amigos). Mirgain también encontró que las emociones negativas tienen un impacto mayor que las positivas, a menudo de cuatro a siete veces mayor.

Para combatir toda esta negatividad externa, considera la posibilidad de compartir tus sentimientos con aquellos que son comprensivos (incluso con ti mismo, si es necesario), rodearte de personas positivas siempre que sea posible y dormir mucho. Eso te ayudará a elevar tu propia positividad y, por lo tanto, la positividad de las personas que te rodean.

Toda esa energía negativa puede tener una conexión directa tanto con la procrastinación como con el exceso de pensamiento. Porque las investigaciones indican, cada vez más, que la procrastinación, no es el resultado de una mala gestión del tiempo, sino de un conflicto emocional. De hecho, el mal manejo del tiempo se ve a menudo como un síntoma de un problema emocional, no como un problema en sí mismo.

Rachel Eddins, una consejera profesional licenciada y miembro de la Asociación Americana de Consejería, lo expresa de esta manera: "No hay una sola respuesta a lo que es la procrastinación, porque [hay] muchas cosas que conducen a ella". Por lo tanto, la mejor manera de lidiar con la procrastinación, es saber primero cuáles son los principales factores que contribuyen a ella. Cambia esos factores, cambia tu entorno, y podrás cambiar tu estado mental, entender mejor y superar la tendencia a aplazar las cosas.

La procrastinación es una estrategia de evasión (literalmente), y estas pueden crear dolor psicológico que crea depresión, ansiedad y otras condiciones a menudo debilitantes.

En 2007, Piers Steel, Psicólogo de la Universidad de Calgary, describió cuatro causas de la procrastinación en lo que él llama la ecuación de la procrastinación. Las cuatro causas ya deberían sonarte familiares:

Baja auto-eficacia: La confianza de una persona en ser capaz de cumplir la tarea. La baja autoeficacia contribuye en gran medida a la procrastinación.

- **Bajo valor:** El placer de la tarea. Incluso las tareas aburridas o ligeramente dolorosas, son de menor valor que las extremadamente difíciles.
- **Impulsividad:** Capacidad para mantenerte concentrado y resistir las distracciones.
- **Retraso:** Cuánto tiempo hasta que la tarea deba ser cumplida. Cuanto mayor sea el retraso, más probable es que se pospongan las cosas.

Steel combina estos cuatro elementos en una ecuación que puede ayudar a cualquiera a calcular la probabilidad de aplazar, y se ve algo así:

Probabilidades de superar la procrastinación = Autoeficacia x Valor / Impulsividad x Retraso

Así, nuestra confianza en nosotros mismos y el valor de la tarea, se divide por nuestra impulsividad y el tiempo de retraso. Es difícil, pero puede ayudar a casi todos a descubrir en qué punto de la ecuación se encuentran. ¿Es la autoeficacia la razón de tu particular práctica de la procrastinación? Auméntela. ¿Eres demasiado impulsivo? Disminuye eso de acuerdo a la cantidad de retraso que tengas, y la ecuación debería funcionar.

Aquí hay algunas formas específicas de tratar con cada una de las cuatro:

1. Si la autoeficacia es la causa, considera dividir la tarea en bloques más pequeños y manejables para crear una serie de pequeñas victorias en tu camino a la culminación. Esto debería aumentar tu confianza y asegurarte de que puedes hacer el trabajo.

2. Si el problema es el bajo valor de la tarea, encuentra una manera de aumentar su valor. Haz que la aburrida tarea sea más agradable cambiando tu entorno, lleva tu computadora portátil a un parque público o a una cafetería y hazla más agradable, aumentando su valor.

3. Si eres impulsivo, elimina esas distracciones. Apaga Internet, guarda tu teléfono, elimina cualquier cosa que te distraiga. Pero no te sientas mal por esto, ya que las investigaciones indican que el cerebro humano en realidad requiere de distracciones periódicas, está programado para trabajar de esa manera. Piensa en cómo un pequeño animal comprobará periódicamente si hay peligro en su entorno, sin importar lo que el animal esté haciendo: comer, beber, limpiarse. Es un impulso de supervivencia, y está conectado al cerebro del mamífero.

4. Si el retraso es tu problema, crea una serie de mini plazos, piensa en ellos como objetivos a cumplir. El tiempo en sí mismo ayudará a hacer el trabajo.

Pero fuera de la famosa ecuación, hay otros factores que contribuyen a la procrastinación, y eso nos lleva de vuelta al entorno. Porque algunas postergaciones son comportamientos aprendidos, heredados de las personas más cercanas a nosotros y por lo tanto tienen gran influencia sobre nosotros. Tal vez un padre, un jefe, un amigo o compañero de trabajo tiene la tendencia, y esta influencia ha afectado tu comportamiento también. No podrás hacer mucho por esta persona, pero puedes recordarte a ti mismo que puedes tomar tus propias decisiones, y que no todas las influencias son influencias positivas. Usa un poco de disciplina para ser una mejor influencia para ti mismo.

Otra palabra sobre el control de tu entorno antes de que éste te controle a ti. El término "cebado" se refiere al concepto de desencadenantes. Pasar por delante de Starbucks, puede desencadenar tu deseo de una delicia cremosa y alta en calorías. O pasar por el gimnasio puede desencadenar su deseo de hacer ejercicio y estar más saludable. Tu puedes elegir pasar por el gimnasio en lugar de Starbucks si cambias de ruta. Controla los factores desencadenantes de tu entorno y podrás controlar mejor tus factores desencadenantes y los deseos que estos inspiran. Esto se aplica a los teléfonos inteligentes, las notificaciones por correo electrónico, etc.

Si realmente quieres derrotar estas pequeñas distracciones, prueba con el paquete de tentaciones. En lugar de ser tareas de bajo valor, considera cómo se relacionan con tus objetivos a largo plazo. Eso las convertirá en tareas de alto valor y serán instantáneamente más agradables. En lugar de temer recoger los registros bancarios para tu contador, piensa en cuánto dinero te ahorrarás en tu declaración de impuestos este año. En lugar de posponer el corte del césped por la monotonía de la tarea, piensa en lo bien que huele el césped recién cortado y en lo bien que se verá tu césped.

Recompensarte por pequeñas victorias es otra buena manera de mantenerte motivado. ¿Recopilaste y presentaste tus registros bancarios? Entonces, ¡Toma un trozo de pastel! Cortaste el césped, ¿verdad? Entonces, ¡Siéntate y disfruta del juego de pelota! Esta serie de recompensas no sólo refuerza tu sentido de autoestima y logro, sino que también te da un incentivo para hacer las que las tareas menos agradables sean más agradables. ¡Es lo que llamamos: ganar/ganar!

NO PERMITAS QUE DEMASIADA PRESIÓN TE ARRASTRE HACIA ABAJO

La procrastinación y el exceso de pensamiento propios o de alguien cercano a ti, crea presión. La pérdida de tiempo significa un trabajo más duro que debe hacerse más rápido y, por lo tanto, mejor. Y aunque algunas personas afirman trabajar mejor bajo presión, no tienen en cuenta el hecho de que hay diferentes tipos de estrés por presión. Los atletas y los artistas pueden soportar el estrés por presión, pero esto sólo les ayuda a concentrarse. El estrés puede incluso ayudar al resultado general. En este tipo de estrés, la persona se fija en el rendimiento y ese estrés a menudo crea resultados trascendentales.

El estrés destructivo, pone el foco en la persona, no en la tarea, y generalmente produce resultados mucho menores. El estrés destructivo, a menudo, da lugar a errores. Por lo tanto, debes saber qué tipo de presión estás enfrentando y cuál debes evitar.

La presión de la procrastinación y el exceso de pensamiento puede venir de dentro o de tu entorno. Las opiniones de los demás, las críticas, el rechazo, las presiones externas, a menudo fomentan la tendencia a pensar demasiado y a posponer, como ya lo hemos discutido. El pensamiento negativo a tu alrededor también puede ser una fuente real de presión externa. Pero puedes usar eso como motivación para hacerlo mejor, tener éxito y ser promovido a un mejor entorno. La forma en que tratas con los que piensan demasiado y los que procrastinan, determinará tu éxito. No puedes controlarlos, como hemos visto, e incluso influenciarlos puede ser arduo. Pero si no puedes evitarlos, tendrás que tratar con ellos de alguna manera, algo que discutiremos con más detalle en la siguiente sección de este libro.

DISTRACCIONES Y TENTACIONES; SERÁ DIFÍCIL DERROTARLAS

Y hay más en nuestro entorno que sólo la gente que lo habita. Hay básicamente cuatro tipos diferentes de distracciones; las que puedes controlar, las que no puedes controlar, las que son molestas y las que son divertidas, pero todas se originan en nuestro entorno.

Algunas distracciones están fuera de tu control, y pueden ser molestas (una reunión de oficina) o divertidas (una invitación a cenar). No puedes prevenirlas, pero puedes volver rápidamente al trabajo después de cualquiera de ellas con un poco de autodisciplina. Las distracciones que puedes controlar también pueden ser molestas (revisar los correos electrónicos) o pueden ser divertidas (ver videos de YouTube o publicar en Twitter). Considera la posibilidad de programar el tiempo para estas distracciones para que no interfieran con tareas más importantes. Reserva algunas horas por la mañana o por la noche para aquellas distracciones que puedes controlar para hacer sitio a las distracciones que no puedes controlar.

Un estudio sobre los focos de las distracciones, incluyó dos grupos; los individuos que estaban enfocados en la promoción y buscaban resultados positivos, y los individuos estaban enfocados en la prevención, que trataban de anular los resultados negativos. El estudio encontró que las distracciones, como la música, tenían poca influencia en los resultados. Los individuos centrados en la prevención, obtuvieron peores resultados y disfrutaron menos de la tarea, que los sujetos a prueba centrados en la promoción.

Pero eso no significa que las distracciones no sean todavía costosas. Puede que pases un minuto en el teléfono, pero los estudios indican que puede llevar más de 23 minutos de tiempo perdido volver a la tarea en cuestión.

Aunque las distracciones no siempre son externas. La corteza prefrontal lateral izquierda del cerebro puede estar dañada, lo que hace que las personas sean más propensas a sucumbir a la tentación de la satisfacción inmediata en lugar de la ganancia a largo plazo, que es justo lo que una distracción a menudo es.

VIVIR CON SOBREPENSADORES Y PROCRASTINADORES

A menudo, el problema de pensar demasiado y postergar, es parte de la influencia negativa de los demás y tu problema es tener que lidiar con ellos. Cuando no puedes limitar tu exposición, o tratar de redirigirlos en una dirección positiva, todavía hay buenas maneras de lidiar con esa influencia negativa, y de evitar que te afecte.

No minimices su perspectiva. Los que piensan demasiado se obsesionan, es cierto, pero decirles eso no ayuda. Uno podría ser movido a tratar de reducir el alcance del problema para aliviar el exceso de pensamiento, diciendo básicamente, "No es gran cosa". Pero la procrastinación y el exceso de pensamiento, son tanto problemas emocionales como cualquier otra cosa, como hemos visto. Por lo tanto, tratar de abordarlo lógicamente no funcionará, e incluso puede hacer que la fijación empeore a medida que el que piensa demasiado se ofende. Entonces ellos también pensarán en ello demasiado.

Del mismo modo, no reduzcas la potencia de sus sentimientos. Alguien que piensa demasiado en algo no puede superarlo. Están emocionalmente encerrados, y al igual que decirles que no tienen nada de qué preocuparse, decirles que no tienen derecho a sus sentimientos legítimos, sólo empeorará las cosas.

La ansiedad es irracional, así que no tiene sentido preguntarle a alguien por qué piensa demasiado las cosas. De nuevo, no se trata de la razón, sino de la emoción. Intenta hablarles de las emociones que están procesando en vez de los pensamientos que están teniendo.

Tampoco ayuda a comparar el dilema del pensador excesivo con el de cualquier otra persona. Estos desafíos son diferentes para todos y no todos los manejan de la misma manera. El dilema de otro no va a ser de mucha utilidad.

Curiosamente, los que piensan demasiado no suelen buscar soluciones o recomendaciones, por mucho que parezca que buscan eso mismo.

Debido a que no se trata de la razón sino de la emoción, pensar demasiado y obsesionarse con algo, es a menudo una cuestión de liberación emocional. A veces, una persona solo quiere desahogarse. Están más obsesionados con el problema que con la solución. Puede parecer irracional, y muy a menudo lo es. Pero pensar demasiado y postergar las cosas, se basan en las emociones, después de todo.

De la misma manera, la tranquilidad puede ser de poco valor para el que piensa demasiado. No piensan tanto como sienten, recuérdalo.

Los que piensan demasiado no piensan demasiado en todo, solo en algunas cosas. Si conoces a un pensador excesivo en particular, reflexiona sobre el patrón de lo que está hablando constantemente. Eso te indicará cómo responderle.

Las emociones tienden a agravarse para el que piensa demasiado, lo que tiene sentido. Muy a menudo, buscan una forma de procesar toda esa emoción. Pero como resultado de toda esa emoción y confusión, los que piensan demasiado, a menudo están agotados, nerviosos y agitados. Ten esto en cuenta al tratar con ellos o evítalos por completo.

Pero por ahora, echemos un vistazo más de cerca para ver qué puedes hacer para mejorar tu propia productividad y tranquilidad.

3

¡DETÉN EL AUTOSABOTAJE! TÚ MISMO ERES EL PROBLEMA

El autosabotaje, o la práctica de impedir activa o pasivamente el propio éxito, puede tomar una variedad de formas. Puede ser activa, como el abuso de sustancias. Puede ser pasiva, como con la postergación. Pero a menudo es peligroso y puede ser devastador.

Curiosamente, las mismas cosas que motivan a la gente a procrastinar, también motivan el comportamiento de auto-sabotaje en general; la falta de autoestima, el miedo al éxito y al fracaso, el deseo de control.

El auto-sabotaje se indica a menudo con las mismas banderas rojas que indican la procrastinación y el exceso de pensamiento; priorizar la gratificación instantánea sobre los beneficios a largo plazo, evitar las tareas necesarias, no priorizarse a uno mismo, centrarse en los pensamientos autodestructivos.

Y las mismas técnicas que se pueden usar para postergar y pensar demasiado, son compatibles con las técnicas que se usarían para lidiar con todas las conductas auto-saboteadoras: el pensamiento positivo, las metas alcanzables para reforzar la autoeficacia, ajustar el ambiente para limitar las distracciones y las influencias negativas.

TU CABEZA ESTÁ LLENA DE MUCHOS PENSAMIENTOS, Y NO TE AYUDA NI UN POCO

Nuestros días están llenos de todo tipo de distracciones y cosas que requieren nuestra atención. Esto ciertamente no hace ningún bien para aquellos que tienden a pensar demasiado o a aplazarlo todo. Y todo ese desorden en nuestro entorno seguramente se infiltra en nuestra psiquis. Recuerden que nuestros ambientes reflejan nuestros estados psicológicos.

Pero, ¿qué tipo de pensamientos fluyen en nuestro cerebro y cómo los controlamos? El primer paso es identificar un tipo de pensamiento de otro y tratar cada uno de ellos de la manera apropiada.

Básicamente hay tres tipos diferentes de pensamientos: Los pensamientos necesarios se relacionan con tu rutina diaria ("¿Qué voy a cenar?" o "¿Cuál es la contraseña de mi sitio web?"), mientras que los pensamientos de desecho, no tienen ningún uso constructivo ("¿Y si esto sucede?" "¿Por qué esa persona me dijo tal cosa?") A menudo se relacionan con eventos pasados o futuros, no con eventos del momento actual, y concentrarse en el pasado o en el futuro en lugar del presente es una gran parte tanto de la procrastinación como del exceso de pensamiento.

Luego están los pensamientos negativos, que son perjudiciales para ti y para los demás. Tal vez no sea sorprendente que los pensamientos negativos se centren principalmente en cinco vicios comunes: la ira, la lujuria, la codicia, el ego y el apego.

El cerebro humano exhibe signos de un sesgo de negatividad, una tendencia a centrarse en los pensamientos negativos. Esta fue una táctica de supervivencia para nuestros antiguos antepasados, pero en la era moderna, esto produce, a menudo, una fuente de ansiedad y depresión.

Los pensamientos negativos están generalmente inspirados por expectativas insatisfechas en desacuerdos, en la pereza, el racismo, la crítica, los celos, el odio y el exceso de poder. Nacen de la amargura, la frustración y la insatisfacción.

Los pensamientos positivos, por otro lado, redirigen nuestra atención lejos de esos vicios comunes y hacia las virtudes como priorizar el amor, la paz, la pureza, la alegría y el poder. Estos son los pensamientos que nos impulsan a ser mejores personas e inspiran nuestros mayores logros.

Pero de todos los diferentes tipos de pensamientos, los pensamientos positivos pueden ser los más difíciles de perseguir, ya que requieren una tolerancia a la incomodidad, enfrentarse a los problemas y a las tareas de bajo valor, y una considerable autodisciplina y paz interior. La persona debe ser consciente de estos retos y recompensarse con elogios por los pequeños logros, tranquilizando su propia psique de autoeficacia y del alto valor de las tareas a veces desagradables. Es una cuestión de voluntad en gran medida, pero eso no lo hace tan difícil como parece. Recuerda felicitarte por las pequeñas victorias, recuerda cómo las pequeñas tareas se suman a los grandes logros, eso no es tan difícil.

O considera los pensamientos como si estuvieran en tres clases. Los pensamientos perspicaces se usan para resolver problemas, los pensamientos experienciales se centran en una tarea a mano, y los pensamientos incesantes son el tipo de pensamiento que nos distrae y nos hace pensar demasiado en los eventos del pasado o del futuro.

El Doctor Albert Ellis, creó un enfoque A-B-C para derrotar el pensamiento incesante. Según el Dr. Martin Seligman, considerado el padre de la psicología positiva, un bucle de pensamiento negativo tiene tres componentes; adversidad, creencias y consecuencias. Un evento desfavorable crea adversidad, que inspira narraciones que luego se convierten en nuestras creencias. Esas creencias influyen en nuestras acciones, y esas acciones tienen consecuencias naturales.

Pero se puede añadir un cuarto componente, la disputa, en la que se disputan las creencias y se corrigen, antes de que conduzcan a sus consecuencias naturales. En otras palabras, siempre puedes hablar de ti mismo desde el punto de vista de tus creencias negativas.

Tu adversidad, por ejemplo, podría estar en la presentación de tus impuestos. Hay un montón de miserable papeleo involucrado, incluso si contratas a un contador. Puede que te digas a ti mismo que es demasiado con lo que lidiar, con una narrativa, y luego creer esa narrativa. Pero puedes disputar esa creencia en cualquier momento del ciclo simplemente asegurándote de que puedes recoger los documentos y que tus impuestos serán presentados a tiempo. Créelo y hazlo y entonces eso se convierte en la narrativa.

Otra forma de interrumpir el pensamiento incesante es reemplazarlo con un tipo de pensamiento diferente; intenta en cambio el pensamiento experimental, o el pensamiento perspicaz.

Saber qué tipo de pensamientos tienes te ayudará a controlarlos mejor y a resistirte a ser controlado por ellos.

La taxonomía de Bloom enumera seis tipos de habilidades de pensamiento clasificadas de simples a complejas: Conocimiento (recordar y memorizar), comprensión (interpretar el significado y la comprensión), aplicación (usar información antigua en situaciones nuevas), análisis (categorizar, diferenciar y examinar), síntesis (combinar diferentes aplicaciones según sea necesario) y evaluación (análisis crítico).

Los pensamientos negativos también pueden estar influidos por consideraciones culturales (cómo se expresa un grupo), genéticas (cómo se expresa una familia) y físicas (cómo se expresa un individuo). El racismo, puede ser un ejemplo de pensamientos negativos culturales, por ejemplo; una disputa familiar, puede ser un pensamiento negativo genético, y una deficiencia mental, como el trastorno bipolar, puede estar creando pensamientos negativos nacidos de una consideración física.

Pero hay formas de contrarrestar estos pensamientos negativos. Cambiar una situación externa (como divorciarse de un cónyuge abusivo), cambiar la atención (para centrarse en lo positivo en lugar de lo negativo en una situación determinada) o volver a evaluar una situación (para ver el beneficio en lugar de la desventaja de un determinado evento).

Los investigadores han descubierto que la genética determina el 50% de la felicidad, las circunstancias como la riqueza y la salud representan el 10%, el cambio o reevaluación, los esfuerzos internos e intencionales para lograr la felicidad, representan el otro 40%.

También está el triángulo cognitivo, que sostiene que nuestro estado mental depende de la interacción de tres componentes principales de nuestra psique: sentimientos, pensamientos y comportamientos. Cada uno influye en el otro, y se requiere una base sólida para cada uno para un estado mental y físico equilibrado.

Puede que pienses que tienes hambre de una deliciosa, pero no saludable hamburguesa con queso, porque te la mereces, y eso puede animarte a sentir que la necesitas por pura hambre, y tu comportamiento va a ser comer esa hamburguesa con queso. Así que, usa un poco de disciplina mental y reemplaza la poco saludable hamburguesa con una deliciosa hamburguesa vegetariana y deja que tus sentimientos y pensamientos continúen como están.

Una gran manera de combatir los pensamientos negativos, es ser consciente de ellos y emplear la descentralización cognitiva, lo que significa que ves un evento problemático como sólo eso, un evento, y no un reflejo del yo. Los eventos son a menudo independientes del yo, ya que ocurren externamente y no internamente. La clave es no internalizarlos y dejar que permanezcan externos.

DIAGNÓSTICO DE TI MISMO: ¿ERES UN PROCRASTINADOR? SI ES ASÍ, ¿DE QUÉ TIPO?

Como hemos visto, la procrastinación es uno de los métodos clásicos de autosabotaje. Pero no todos los retrasos en el desempeño son postergación, sólo el retraso crónico y habitual de las tareas. Pero también hemos visto que hay diferentes maneras de procrastinar, diferentes razones para hacerlo, y por lo tanto hay diferentes maneras de interrumpir el ciclo de procrastinación.

Pero veamos más de cerca las diferentes maneras en que una persona puede procrastinar, y esto se reduce a los tipos de personalidad. Diferentes personas pueden formar diferentes personalidades postergantes, si se quiere. Por ejemplo:

Algunos procrastinadores pueden ser descritos como *amantes perpetuos*. Esta persona-complaciente puede estar atrapada en un lugar de inacción por miedo a herir a otros o a ser juzgada por ellos. Ya hemos notado que el miedo al rechazo es una gran parte de la procrastinación, después de todo. Esta persona se preocupa por la forma en que es percibida, busca no perturbar, teme no ser amada o deseada.

Algunos procrastinadores son más bien como *oficiales del error*. Estos son los procrastinadores perfeccionistas que prefieren no hacer nada antes que hacer algo incorrecto.

También está el *pequeño jugador* que es tímido, temeroso de los efectos adversos del cambio, y la procrastinación lo hace posible. La *gema oculta* o el *impostor* procrastinador puede ser inseguro (como una adolescente o un trabajador incompetente o un mentiroso) y el *pensador pobre,* que posterga las cosas y puede estar confundido sobre las normas sociales (un cristiano rico quizás). Un procrastinador también puede ser un soñador y no un hacedor.

Ahora que sabes quién eres y por qué lo estás postergando, pasemos a algo que todo el mundo tiene, y nadie quiere tener... malos hábitos.

¿HAS DESARROLLADO MALOS HÁBITOS DE LOS QUE NO PUEDES DESHACERTE?

El autosabotaje es básicamente una colección de malos hábitos; abuso de sustancias, exceso de pensamiento, postergación, inacción. Todos comprenden diferentes conjuntos de malos hábitos. Si piensas demasiado o pospones demasiado, las posibilidades de que hayas desarrollado algunos malos hábitos son muchas. Y el hecho de que estés leyendo este libro significa que quieres deshacerte de ellos.

Así que, vamos a ello.

Algunos malos hábitos son muy comunes en los procrastinadores de todo tipo, así que cuidado con estas banderas rojas.

Hábitos adictivos como comer, beber o usar drogas, tienen un efecto calmante inmediato, pero sólo contribuyen a la postergación. Los procrastinadores envidian a los trabajadores, y por una buena razón. También son muy poco fiables, incluso para ellos mismos.

La falta de condición física y el aumento de peso son síntomas del estilo de vida del procrastinador, ya que comer por estrés y no tener tiempo para hacer ejercicio es un doble problema para la química del cuerpo.

Siempre tienes prisa porque dejas las cosas para el último minuto, creando una prisa constante para hacerlas. Sólo limpias cuando tienes una tarea aún más aburrida que hacer. Puedes estresarte fácilmente. Puedes estresarte limpiando solo cuando una tarea más estresante necesita ser hecha.

Demasiados medios sociales son una gran bandera roja.

Los días de semana y los fines de semana se confunden, ya que pasas los fines de semana terminando las tareas que pospusiste en la semana laboral. Pero los fines de semana son importantes para prevenir el agotamiento.

Dormir en exceso; es una clásica táctica de dilación, incluso aunque no te des cuenta... porque estás dormido.

¿Cuántas veces te ha llamado tu jefe por llegar tarde y estabas durmiendo? Tú lo sabes mejor.

Redondeas la hora para posponer una tarea, aunque sea por unos minutos preciosos. En lugar de empezar una tarea a las 7:52, esperas hasta las 8:00. A las 8:05, esperarás hasta las 9:00.

Puede que estés coleccionando aplicaciones para smartphones, los clásicos dispositivos de distracción.

Puede que estés dando consejos que tú mismo no sigues. ¿Por qué no? Has dominado a través de la investigación, lo que no conoces en la práctica. Y eso nos lleva al Efecto Dunning-Kruger.

Aquí hay un ejercicio útil: Haz dos listas; una de los números de tus planes no completados y otra de los episodios de tu programa de TV favorito. Si la primera es más larga, sabrás que lo estás procrastinando.

Antes de pasar al efecto Dunning Kruger, hablemos de dejar los malos hábitos. Hábitos fáciles de adquirir, pero difíciles de dejar, son el fumar y el beber. Hay un número de razones para esto; algunas químicas y otras psicológicas.

Cuando quieras dejar un hábito, considera tomar el hábito opuesto. En lugar de dejar de fumar, toma el hábito de convertirse en un no fumador. Reemplaza ese hábito por otro; caminar, hacer malabares, cualquier cosa.

EL EFECTO DUNNING-KRUGER

Tal vez hayas oído el viejo dicho: "Cuanto más aprendemos, menos sabemos". Se trata de cómo la humildad viene con la sabiduría. El matemático y premio Nobel, Bertrand Russell, lo dijo así: "La causa fundamental del problema en el mundo moderno hoy en día, es que los estúpidos son cabezas duras, mientras que los inteligentes están llenos de dudas."

Así, los investigadores David Dunning y Justin Kruger se propusieron hacer un experimento sobre la certeza de la propia opinión y cómo se correlaciona con la capacidad real de la persona. Lo que encontraron fue que la certeza sobre un cierto hecho o circunstancia estaba en su punto máximo cuando el sujeto de prueba estaba en el nivel mínimo de competencia. El aumento de la competencia creó un nivel más bajo de certeza al principio, pero que aumentó con el aumento de la competencia. Cuanto más aprendemos, menos sabemos.

La razón de esto es una tendencia a sobreestimar la capacidad de uno. Sólo la educación y la sabiduría pueden corregir esta sobreestimación. Muchos creen que los que son competentes esperan competencia en los demás y, por lo tanto, estiman sus propias habilidades como meramente promedio. Los menos competentes esperan igualmente que los demás sean igualmente incompetentes, y por lo tanto pueden asumir que son superiores en su conocimiento o capacidad.

Además, el estudio demostró que, cuando se les da la oportunidad de autoevaluarse, los incompetentes, no tienen conciencia de su incompetencia. Así pues, los incompetentes no sólo sobreestiman sus propias capacidades, sino que son inmunes a cualquier argumento en sentido contrario. No se puede explicar a una persona incompetente su propia incompetencia. En gran medida es una falla de la lógica. No pueden usar adecuadamente la lógica, ya que son incompetentes, por lo tanto, no pueden entenderla ni aceptarla.

Así que lo primero que hay que hacer es asegurarse de que tú mismo no sufres este efecto generalizado. ¿Eres lo suficientemente humilde para saber que podrías estar equivocado, o que podrías estar actuando desde un lugar emocional en lugar de racional? ¿Qué tan seguro estás de su posición? Cuanto más seguro estés, más débil serás el terreno en el que estés parado.

Y en el trato con los demás, si puedes reconocer el efecto Dunning-Kruger, sabrás cómo tratar con aquellos que lo están exhibiendo. No intentes razonar, ya que esta persona carece de una posición racional. Puedes intentar educarlos, ya que el aumento de los conocimientos es la única manera de combatir esa confianza del ignorante, pero no esperes que digieran los hechos y se informen. No se dejarán mover por los hechos o la lógica, porque su posición no se basa en ninguno de los dos y su capacidad de ver la realidad, es casi nula.

¿LO ESTÁS PENSANDO DEMASIADO? ¿SABES POR QUÉ?

Pensar demasiado tiene dos formas: reflexionar sobre el pasado y preocuparse por el futuro. Pensar demasiado también tiene su propio conjunto de malos hábitos, así que cuanto mejor los reconozcas más rápido podrás revertirlos.

Si eres un pensador excesivo, no puedes dejar de preocuparte o de inquietarte por cosas que no puedes controlar. Constantemente reflexionas sobre tus errores y revives los momentos desagradables una y otra vez en tu mente.

Los que piensan demasiado tienden a preguntarse "qué pasaría si..." y tienen dificultades para dormir porque sus cerebros no dejan de dar vueltas alrededor de estos pensamientos negativos.

Repites las conversaciones en tu cabeza, lamentando las cosas que no dijiste. Pasas mucho tiempo libre pensando en el significado oculto detrás de las cosas que dice la gente o los eventos que ocurren.

Te preocupas cuando alguien dice algo o se comporta de una manera que no te gusta. También puedes guardar rencor y empezar a sentirte paranoico de que otros estén trabajando activamente en tu contra. Pasas tanto tiempo pensando en eventos pasados o preocupándote por el futuro que a menudo echas de menos lo que está pasando en el presente.

Los que piensan demasiado, a menudo están demasiado confiados en sus propias opiniones y se fijan en las opiniones de los demás, y a menudo sus pensamientos son pesimistas en cuanto a dichas opiniones.

Los que piensan demasiado también se obsesionan con el significado profundo de algunos eventos, incluso cuando no hay ningún significado profundo o personal. Los que piensan demasiado tienden a querer un control estricto de los pensamientos y acciones y tienen poca tolerancia a la espontaneidad.

Algunas formas útiles de derrotar el exceso de pensamiento, pueden utilizarse también para otros patrones habituales, como conocer y evitar los factores desencadenantes, ser consciente de cuándo se está haciendo, y ser consciente de lo esencialmente inútil que es el exceso de pensamiento. Una distracción forzada es otra forma útil de descarrilar el exceso de pensamiento. Sólo aplica tu atención a otra cosa... cualquier otra cosa.

Ya que el exceso de pensamiento se centra en el pasado o en el futuro, concéntrate en el presente. La meditación puede ayudar, como ya lo hemos discutido.

¿UNA BUENA NOCHE DE SUEÑO O SÓLO UNAS POCAS HORAS? DE CUALQUIER MANERA, ESTO AFECTARÁ TU DÍA.

No dormir lo suficiente es una forma común de auto-sabotaje y muy común para los procrastinadores y los que piensan demasiado. A menudo es el resultado de pasar largas horas de "último minuto" completando tareas no terminadas, o de dar vueltas y vueltas mientras se piensa demasiado en un evento u otro. Pero es muy perjudicial para tu salud mental y física y sólo fomenta cualquier espiral descendente.

La mayoría de los adultos requieren entre siete y nueve horas de sueño por noche, los adolescentes y los niños un poco más, ya que gastan mucha más energía durante el día. Mientras que las distracciones como la televisión, los videos e Internet pueden robarnos el sueño, una buena dieta y el ejercicio pueden contribuir a un ciclo de sueño saludable.

Se ha demostrado que un ciclo de sueño saludable tiene efectos beneficiosos sobre el metabolismo, el bienestar mental, el deseo sexual y la fertilidad.

Por otro lado, se sabe que la privación de sueño hace que las personas sean vulnerables a la reducción de la cognición, lapsos de atención, cambios de humor y reacciones retardadas. También está relacionada con la diabetes tipo 2, la obesidad, las enfermedades cardíacas, la hipertensión arterial, los accidentes cerebrovasculares, la mala salud mental general y la muerte prematura. La privación del sueño también se asocia con el comportamiento impulsivo, la ansiedad, la paranoia, la depresión, el trastorno bipolar y el suicidio. Los signos y síntomas incluyen somnolencia excesiva, bostezos frecuentes, fatiga durante el día e irritabilidad. La privación de sueño también puede debilitar el sistema inmunológico.

El sistema digestivo también es vulnerable a los daños causados por la falta de sueño.

El sueño afecta a los niveles de las hormonas grelina y leptina, que controlan las sensaciones de plenitud y hambre del cuerpo. La leptina es un supresor del apetito y la grelina es el estimulante natural del apetito del cuerpo. Dormir muy poco reduce la leptina y aumenta la cantidad de grelina. El resultado es que a medianoche se come en exceso, se gana peso y se producen problemas de salud.

La privación de sueño también reduce la cantidad de insulina, que ayuda a reducir los niveles de azúcar en la sangre, liberada por el cuerpo después de las comidas. También se asocia con la disminución de la producción de hormonas, como la testosterona.

El cuerpo humano tiene un reloj corporal interno que regula el ciclo del sueño. El ciclo de 24 horas se denomina ritmo circadiano. El ritmo incluye un impulso de sueño que se hace más fuerte a medida que el ciclo avanza. Ese impulso de sueño, llamado homeostasis, puede tener vínculos con un compuesto orgánico producido en el cerebro llamado adenosina. La adenosina aumenta a lo largo del día y se descompone durante el sueño.

La luz también juega un papel importante en el ritmo circadiano. El hipotálamo del cerebro tiene un grupo de células conocido como núcleo suprachiasmático. Estas células procesan las señales de los ojos al cerebro durante la exposición a la luz natural. Esto es lo que le dice al cerebro si es de día o de noche.

Con la pérdida de la luz natural, el cuerpo libera la hormona melatonina, que induce al sueño. La luz natural de la mañana estimula al cuerpo a crear la hormona cortisol, que ya hemos visto. El cortisol promueve el estado de alerta y la energía.

Así que, si tus hábitos de sueño son irregulares, considera el efecto de la luz en la habitación, demasiada o muy poca. Mejora tu dieta y régimen de ejercicio y duerme al menos ocho horas por noche.

Pero hay una variedad de consejos y trucos para ayudar a asegurar un buen descanso nocturno. Puedes considerar establecer un horario para dormir realista y no variar. Acuéstate a la misma hora todas las noches, y a una hora razonable también. Esto establecerá un patrón de sueño saludable y consistente.

La temperatura y la luz tienen un gran efecto en los patrones de sueño, así que mantengan las luces bajas y una temperatura razonable. Algunas personas no permiten televisores, ordenadores y teléfonos inteligentes en sus dormitorios para evitar distracciones y luz no natural.

Dado que el cuerpo tiene que trabajar para digerir la comida y la bebida, muchos expertos recomiendan mantenerse alejados del alcohol, la cafeína o las comidas copiosas antes de dormir. Abstente de la cafeína, el alcohol y de las comidas copiosas en las horas previas a la hora de acostarte. Los expertos recomiendan evitar el tabaco por la noche, ya que la nicotina es un estimulante.

El ejercicio durante el día es bueno para gastar energía extra y preparar el cuerpo para un sueño profundo. Tomar un baño caliente o meditar antes de acostarse, puede ser una buena estrategia para dormir mejor.

Algunas personas en nuestro frenético mundo moderno, no tienen ese lujo. Algunos pueden ser trabajadores por turnos, por ejemplo, y deben despertar y dormir al contrario del ciclo de la mañana y la noche. Estas personas todavía pueden tomar medidas, incluyendo siestas, limitando los cambios de turno, y manteniendo una iluminación saludable.

La otra cara de la privación del sueño es dormir demasiado, y eso también puede ser perjudicial.

La hipersomnia es un trastorno médico que hace que los que la padecen, duerman durante largos períodos de tiempo por la noche y permanezcan cansados durante el día. Esta condición hace que las personas sufran de somnolencia extrema a lo largo del día, que no se alivia normalmente con una siesta. La hipersomnia se asocia con problemas de memoria, baja energía y ansiedad.

La depresión, el abuso del alcohol y algunos fármacos también pueden provocar que se duerma demasiado.

El dormir de más puede llevar a una serie de condiciones peligrosas.

El dormir de más puede contribuir a la obesidad. Según un estudio reciente, las personas que dormían nueve horas o más por noche tenían más de un 20% más de probabilidades de volverse obesas que las que dormían las siete u ocho horas estándar.

Dormir demasiado tiene un cierto efecto en los neurotransmisores del cerebro, incluyendo la serotonina. Esto puede hacer que las personas propensas a sufrir dolores de cabeza los padezcan como resultado de dormir demasiado.

El quince por ciento de las personas con depresión duerme demasiado, y esos hábitos irregulares de sueño sólo pueden contribuir al problema.

Un estudio demostró que las mujeres que dormían entre 9 y 11 horas eran casi un 40% más propensas a las enfermedades cardíacas que las mujeres que dormían las ocho horas estándar por noche. La inflamación también es más común en las personas que duermen demasiado.

La dieta puede tener una fuerte conexión con el exceso de sueño. Si duermes demasiado, considera cambiar tu dieta para aumentar las cantidades de estos importantes nutrientes de los que puede carecer: Teobromina, que se encuentra en el chocolate; ácido dodecanoico, que se encuentra en el aceite de coco y de palma; colina, que se encuentra en el pescado, los camarones, el pavo, la soja, los huevos y algunas verduras de hoja verde; selenio, común en el pescado, el pavo, los camarones, la carne vacuna, el pollo, las nueces de Brasil y algunos granos enteros; el licopeno se encuentra en la sandía, la col roja, los tomates cocidos, los pimientos rojos y la guayaba; el fósforo se encuentra en los huevos, las semillas de girasol, las carnes magras, las lentejas, el tofu, el pescado y las semillas de calabaza y girasol.

El sueño es crucial para una vida feliz y saludable, y tanto el exceso como la falta de sueño, pueden causar problemas que pongan en peligro la vida y ser también un síntoma de ellos. Pero los patrones de sueño pueden ser mejorados con unas pocas cosas básicas y fáciles de realizar. Y una vez que estés más alerta y bien descansado, podrás hacer frente a los miedos que hacen descarrilar tus mejores esfuerzos durante las horas de vigilia y de sueño.

4

EL MIEDO INTERIOR QUE NI SIQUIERA TE DAS CUENTA DE QUE EXISTE

Ya hemos echado un vistazo a la parálisis de análisis, o lo que sucede cuando una persona está tan engañada por sus elecciones que no hace ninguna decisión en absoluto. En gran medida, esto se basa en el miedo a tomar la decisión equivocada. El miedo está en el corazón de muchas condiciones como esta, y es una emoción que vale la pena comprender.

FRACASO, TODOS LO TEMEN, PERO ¿TÚ DEBERÍAS TEMERLE?

Nadie se propone fracasar. Pero sucede, incluso a pesar de nuestros mejores esfuerzos o intenciones. George Washington y Abraham Lincoln se enfrentaron a un fracaso tras otro en su camino hacia los éxitos cruciales que aseguraron la supervivencia de su país. Todo el mundo se enfrenta a los fracasos en grandes y pequeñas medidas; perder un ascenso laboral, recibir un mal informe del médico, perder una luz verde o incumplir un plazo. Por lo tanto, el fracaso es algo que esencialmente estamos programados para aceptar.

Lo que realmente tememos, sin embargo, es la vergüenza asociada con el miedo; la ira de los demás que pueden estar decepcionados, el rechazo que puede ocurrir como resultado de ese fracaso. Es la vergüenza lo que nos atrapa.

A diferencia de la culpa, que nos hace sentir mal por nuestras acciones, o del arrepentimiento, que nos hace sentir mal por nuestros esfuerzos, la vergüenza se refiere a lo que somos. Aborda el tema de la autoeficacia, que está en el centro de la procrastinación y el exceso de pensamiento. Nuestro ego y autoestima pueden sentirse amenazados por la vergüenza en particular.

Los adultos demasiado críticos a menudo hacen que los niños interioricen estas mentalidades perjudiciales. Las reglas basadas en el miedo y el ultimátum, hacen que muchos niños pidan consuelo y permiso, y esta necesidad de validación a menudo se lleva a la edad adulta.

El miedo a fracasar puede a menudo inspirar inseguridades e incertidumbres sobre cuáles son las impresiones o intereses de otras personas, cuáles pueden ser las posibilidades futuras, o limitarse a ellas, hace que te preocupes por lo que otras personas piensan de ti. Aborda las cuestiones de confianza en ti mismo y alienta una reducción general del nivel de exigencia para evitar el riesgo de intentar y fracasar en algo verdaderamente difícil y que, por lo tanto, sería gratificante si lo consiguieras.

El fracaso también tiende a llevar a pensar demasiado, encerrando a una persona en un ciclo de imaginar un resultado diferente basado en otras cosas que podrían haberse dicho o hecho. El miedo al fracaso (o a la vergüenza, como se quiera) puede manifestarse físicamente, creando dolores de cabeza de última hora, dolores de estómago, sudor, fiebre y otras dolencias que pueden impedir la acción y, por tanto, la posibilidad de fracaso. Las distracciones y las excusas para quedarse sin tiempo son otros dos síntomas clásicos del miedo al fracaso.

Una buena manera de lidiar con todo esto es simplemente ser conscientes de ello. Aceptar que el fracaso y la vergüenza son el riesgo que cualquiera corre cuando intenta lograr algo. Conocer la diferencia entre el fracaso y la vergüenza; aceptar el fracaso y rechazar la vergüenza. Hay un viejo dicho que mi propio padre compartía a menudo conmigo: "Haz siempre lo mejor que puedas. Es todo lo que puedes hacer, y todo lo que cualquiera puede pedirte". Entonces, si hiciste lo mejor que pudiste y fallaste, ¿qué razón para la vergüenza debería haber en el fracaso? El fracaso es un paso hacia el éxito, después de todo. Otro dicho popular entre los artistas, dice: "Si nunca fallas, no lo estás intentando de verdad". Así que, adelante, fracasa y no te avergüences. La verdadera vergüenza viene de no intentarlo en absoluto.

Curiosamente, a menudo son las personas más exitosas las que tienen miedo al fracaso, ya que su identidad está tan estrechamente relacionada con su éxito. Para ellos, el fracaso es la antítesis de la vida. También puede aturdir a los artistas, creando bloqueos mentales que impiden la creatividad que necesitan para tener éxito.

Mientras que esos bloqueos mentales pueden ser debilitantes, otros no tienen por qué serlo. Hay cosas en la vida que puedes controlar y hay cosas que no puedes controlar. Concéntrate en ellas. Si tu objetivo es conseguir un nuevo trabajo, pero no conoces a las personas adecuadas, ¡céntrate en conocer a las personas adecuadas!

Todos hemos oído hablar de fobias, miedos irracionales y debilitantes. Alturas, serpientes, espacios cerrados y abiertos, todas sus fobias asociadas. También existe la fobia al fracaso; la atiquifobia.

La atiquifobia es más que una simple inquietud por el fracaso o una preocupación por lo que otros puedan pensar, o incluso pensar demasiado en lo que podría ser o haber sido. Es un miedo paralizante que puede sobrepasar a tu cuerpo o mente. Los síntomas físicos de tales fobias incluyen aceleración del ritmo cardíaco, dificultad para respirar, opresión o dolor en el pecho, mareos o vértigo, sensación de calor o frío, problemas digestivos, temblores y sacudidas, o sudoración. Los síntomas emocionales incluyen ansiedad intensa, pánico o ansiedad, un impulso de huida abrumador, pérdida de control y desapego de uno mismo, miedo a la impotencia o a la muerte.

Los fracasos anteriores o el miedo aprendido a fracasar pueden contribuir a desarrollar un caso de atiquifobia. La fobia también puede ser una condición aprendida o heredada si es transmitida por un padre o amigo en un proceso llamado experiencia de aprendizaje observacional. Incluso el simple hecho de leer o escuchar sobre ella puede desencadenar un aprendizaje informativo y fomentar la manifestación de la fobia (o de cualquier otra fobia).

TODOS CONOCEMOS EL MIEDO AL FRACASO, PERO ¿TIENES MIEDO AL ÉXITO?

Es casi un cliché, y uno que es difícil de digerir. ¿Quién tiene miedo de ser rico y exitoso? Bueno, es como el miedo al fracaso, que es más sobre la vergüenza. El miedo al éxito es más sobre el miedo al cambio.

Los introvertidos tienden a tener miedo al éxito, ya que rehúyen la atención extra que el éxito trae consigo. El éxito puede engendrar desprecio y costar a una persona amistades. El éxito puede ser fugaz y corrupto y rara vez es todo lo que parece ser. Este es un tipo de evasión de la reacción que está detrás de muchos casos de miedo al éxito. Se trata de un miedo al cambio y a lo que ese cambio podría traer.

Uno también puede temer no merecer el éxito, y revelarse como impostor y ser humillado.

Los signos de temor al éxito incluyen metas bajas, postergación, perfeccionismo, abandono, comportamiento autodestructivo, que en este punto debería ser bastante familiar para el lector. Las formas de combatirlo deberían ser igual de familiares.

Explorar los orígenes del miedo, el tipo de miedo, las razones del mismo. Adueñarse de él y comprenderlo. El ejercicio, la dieta, tener un ciclo de sueño profundo, socializar, incluso escribir un diario puede ayudar. Algunos recomiendan visualizar el éxito, otros usan tableros de imágenes para compilar las imágenes de los objetivos que desean lograr.

Si estás teniendo, lo que a veces se llama un ataque de pánico, hay maneras de volver a la Tierra. Sal a caminar, haz algunos ejercicios de respiración, llama a un amigo para que te apoye.

Escribir un diario es muy recomendable para el miedo al éxito. Se recomienda tomarse media hora más o menos al día, preferiblemente a la misma hora todos los días, para anotar cualquier pensamiento que puedas tener sobre el miedo al éxito; recuerdos del pasado, problemas en el presente, o planes para el futuro.

El miedo al éxito, como todas las fobias, es una estrategia de evasión. Si tienes miedo a las ratas, las evitarás. Evitando los elogios u oportunidades o incluso los romances es como el miedo al éxito puede manifestarse.

El miedo al éxito puede tomar formas familiares, existen seis diferentes arquetipos del miedo al éxito. Saber cuál de ellos refleja tus propios sentimientos y comprender ese arquetipo te ayudará a superarlo y a superar tu miedo al éxito.

- El *Adicto a las Metas Tipo 1* es el que supera el éxito. El adicto a las metas se fija sus metas en alto y se enorgullece de esos logros. Para el Adicto al Objetivo tipo 1, el fracaso es insostenible pero siempre probable.
- El *Adicto a las Metas Tipo 2* es la otra cara de la moneda del adicto a la meta Tipo 1; ponen el listón bajo y tienen éxito por eso. Para ellos, el riesgo de fracaso es bastante bajo.
- El *Incrédulo* es escéptico del éxito, de que pueda ser alcanzado por él o por cualquier otra persona. Para el

incrédulo, el riesgo de fracaso es casi nulo, y cualquier fracaso será atribuido a alguien o algo que no sea él mismo.

- El *Saboteador* es la contraparte del incrédulo. El saboteador es, como el incrédulo, un fatalista, pero emprende un esfuerzo esencialmente condenado al fracaso con una actitud positiva, no negativa. Para el Saboteador, el fracaso es virtualmente seguro.

- Los *Medias Tintas* están en algún lugar entre el incrédulo y el saboteador. Los Medias Tintas seguirán el juego, pero no contribuirán en nada, ofrecerán el escepticismo tácito del Incrédulo y la falsa voluntad del Saboteador de participar.

- Los *Inventores* se centran en sus propios esfuerzos, pero pueden resistirse a formar parte de un equipo más grande. Este sentido de introversión va en contra de sus esfuerzos por tener éxito.

LO PERFECTO TE HACE POSPONER TUS DECISIONES Y ACCIONES

Lo puedes oír mucho en estos días: "No dejes que lo perfecto sea enemigo de lo bueno". Y esto es tan cierto para la procrastinación y el exceso de pensamiento como para cualquier otra cosa. El perfeccionismo es el enemigo del protagonista, seguro. Ya hemos visto como el perfeccionismo trabaja en contra de los mejores esfuerzos del protagonista para romper el ciclo y hacer las cosas a tiempo. Lo que el protagonista perfeccionista a menudo olvida es que nada es perfecto, lo bueno es a menudo suficiente. Lo que importa es que la tarea se lleve a cabo de la mejor manera posible, después de todo. Eso es siempre mejor que no tener la tarea completada en absoluto.

¿Cómo sabes si eres realmente un perfeccionista, y no sólo es que te esfuerzas mucho? Los perfeccionistas se centran demasiado en los resultados y muy poco en el proceso. No importa cómo se haga, siempre y cuando los resultados estén a la altura. Cada logro se desvanece detrás del siguiente. Ninguna victoria es lo suficientemente buena, el trabajo nunca se hace. Un proyecto debe seguir al siguiente, y ninguno es lo suficientemente bueno. El perfeccionista también se castiga a sí mismo por los resultados, por cualquier resultado; nunca son lo suficientemente buenos. El perfeccionista es también un trabajador rápido, que no se detiene hasta que el trabajo está hecho.

Suenan como rasgos admirables, pero pueden causar mucha postergación y pensamiento excesivo, entre otros comportamientos destructivos. El problema es que el aplazamiento nace de una actividad equivocada, que es diferente de la inactividad. El procrastinador puede creer que está trabajando duro, pero la tarea no se está llevando a cabo por toda la preparación que se está haciendo en su lugar.

Y cuanto más alto es el riesgo, mayor es la posibilidad de fracaso y, por lo tanto, de postergación.

Para combatir los efectos del perfeccionismo, sólo tienes que asegurarte de que una cosa no tiene que ser perfecta, simplemente bajar la paridad en el proceso y los resultados. No dejes que lo perfecto sea el enemigo de lo bueno.

Utiliza un pensamiento diseñado para enfatizar el proceso sobre el resultado. Si el proceso es sólido, después de todo, el resultado también debería serlo. Date tiempo para ser improductivo y hacer descansar tus recursos creativos, físicos y mentales.

Considera realizar una lista de acciones y relaciónalas con la ansiedad. En dos columnas, enumera una serie de tareas, o acciones, y la ansiedad asociada que podrías tener al realizar esas tareas. Elije la más pequeña y resuélvela. Eso reforzará tu confianza y ayudará a romper el ciclo de procrastinación.

Carol S. Dwick, psicóloga de la Universidad de Stanford, Ph.D., creía que la gente generalmente tenía una de estas dos mentalidades: fija o de crecimiento. Una mentalidad fija, se centra en los talentos o habilidades actuales o la inteligencia, creyendo que están fijos en piedra y no pueden ser desarrollados. Estas personas pueden creer, por ejemplo, que el talento musical debe ser innato y no puede ser aprendido realmente. Una mentalidad de crecimiento sostiene el conjunto de creencias opuestas, que un conjunto de habilidades o la amplitud de la inteligencia, puede ser expandida y mejorada. Para esta mentalidad, casi cualquiera puede desarrollar habilidades para convertirse en músico o esencialmente en cualquier otra cosa.

La mentalidad fija tiende a obstaculizar el crecimiento y la evolución, mientras que la mentalidad de crecimiento tiene el efecto opuesto, fomentando el crecimiento y el desarrollo.

Hemos examinado las causas básicas de la procrastinación y el exceso de pensamiento e investigado los efectos perjudiciales y las formas de hacer frente. Por lo tanto, ¡vamos a pasar a la Sección 2 de este libro y desarrollar soluciones más específicas para romper el ciclo y erradicar los problemas de la procrastinación y el exceso de pensamiento de tu vida para siempre!

II

DESARROLLA LAS SOLUCIONES EXACTAS PARA SOLUCIONAR EL PROBLEMA

5

¡DEJA DE PROCRASTINAR! 2

SÉ SINCERO, ¿CUÁNTO HAS APLAZADO HOY?

Para ser justos, puede que ni siquiera te des cuenta de que lo estás aplazando todo, no importa cuánto. Pero un estudio reciente indica que sólo el 18% de las postergaciones pueden ser atribuidas a la simple aversión a las tareas. Entonces, ¿qué pasa con el otro 82%?

Aquí volvemos a la ilusión de productividad. Podemos pensar que estamos ocupados, pero nos ocupamos con tareas distintas a las que hay que terminar. Estamos tan ocupados preparándonos, que nos descuidamos en el desempeño. ¡Pero hay otras formas inconscientes en las que procrastinamos cada día sin siquiera saberlo!

Culpar a los demás es una forma de aplazar las cosas. Dado que muchas de nuestras tareas diarias dependen de que otros también hagan su parte, es demasiado fácil para cualquiera culpar a la actuación de su contraparte. Es un movimiento pasivo/agresivo, pero muy común en los procrastinadores.

Ya hemos visto cómo el perfeccionismo puede causar parálisis en el análisis, pero también es una de las formas inconscientes de postergar. El perfeccionista siente que se mueve lentamente y con seguridad, pero a menudo no avanza en absoluto. La preocupación, la depresión, el miedo al fracaso y el exceso de pensamiento son comunes en el perfeccionista.

A veces la postergación no está relacionada con el acto en absoluto, sino con la motivación; no el qué, sino el por qué. Tomemos el matrimonio, por ejemplo. La gente tiene razones (por qué) para casarse (qué). Se han comprometido con ambos, así que ya no se cuestionan *por qué* se casaron... ¡sólo *cómo* seguir casados!

Pero los procrastinadores, a menudo, no pueden responder a la razón del por qué, así que se burlan. Esto podría ser el motivo por el que mucha gente pospone la decisión de casarse. Bajo análisis, no pueden responder a la pregunta de por qué deberían hacerlo, así que no lo hacen. Esto es cada vez más común entre los millennials, entre los cuales las tasas de matrimonio han caído drásticamente.

Por otro lado, los estudios muestran que la acción comprometida produce resultados más positivos.

Como ejercicio, imagínate en dos meses, y luego imagínate en diez años. ¿Cómo te afectarán tus elecciones en dos meses o en diez años? Ten en cuenta las consecuencias a largo plazo. Se consciente de las formas subconscientes en que puedes sabotearse a ti mismo con la procrastinación y serás capaz de abordarlas conscientemente.

Una buena forma de tratar con la procrastinación inconsciente, es llevar un registro del tiempo. Durante todo un mes, escribe todo lo que haces y cuándo lo haces, en bloques de media hora si puedes. Al final del mes, revisa el registro y verás dónde y cuándo fuiste menos productivo, incluso si no te diste cuenta en ese momento. También ilustrará por qué fuiste improductivo. Seguramente verás patrones en el tiempo y en las actividades.

Cuando hagas tu registro de tiempo, considera la posibilidad de categorizar el tiempo dedicado a diferentes funciones. Por ejemplo, puedes pasar tu tiempo haciendo un trabajo remunerado (tu trabajo), trabajo por pasión (un proyecto paralelo), desarrollo profesional (creación de redes o búsqueda de trabajo), desarrollo personal (escribir un diario o tomar clases), relaciones (amigos, familia, citas), juego (ir de compras, navegar por Internet o ver televisión), bienestar (ejercicio y cuidado personal), trabajo de apoyo (tutoría, voluntariado), distracciones (soñar despierto) y mantenimiento (tareas diarias). Casi todo lo que haces encaja en una de estas categorías. Tu registro de tiempo te ayudará a identificar en qué estás gastando tu tiempo.

Habrá un cruce, por supuesto. Cocinar puede clasificarse como mantenimiento, pero si lo disfrutas, también puede ser trabajo de pasión, diversión o desarrollo personal. Pero cuando hagas tu registro de tiempo, intenta ser lo más específico y detallado posible.

No debería sorprenderte que las aplicaciones de registro del tiempo estén disponibles comúnmente. *Hubstaff, HoursTracker, Tracking-*

Time, Timely y Hours son sólo algunas de las que ofrecen diferentes funciones para registrar tu tiempo y el tiempo de tu personal, si es que tienes alguno. Entre las aplicaciones y sitios web que se especializan en el seguimiento del tiempo corporativo para la gestión de la oficina se encuentran *Paymo, Paydirt, Toggle, TimeTiger, Zoho* y otros. Algunas de estas aplicaciones son excelentes para el seguimiento de los temas presupuestarios y fiscales también.

La multitarea es una forma de aplazar inconscientemente, por ejemplo. Pensamos que estamos haciendo varias cosas, pero ninguna de ellas se está haciendo tan bien como podría hacerse, y los estudios demuestran que es probable que se cometan más errores cuando se divide el enfoque en varias tareas diferentes hechas a la vez. Pero eso no significa que las diferentes tareas no puedan hacerse secuencialmente, una tras otra. Estas son las tareas que se hacen con éxito.

Ya hemos visto cómo una fuerte red de apoyo puede ser una forma efectiva de combatir la procrastinación y el exceso de pensamiento. Pero mucha gente tiende (consciente o inconscientemente) a mantener sus redes profesionales y personales aisladas. Si bien puede haber beneficios en esto, también hay ventajas en mezclarlas. Los amigos pueden ofrecer conexiones profesionales, y los compañeros de trabajo pueden convertirse en amigos cercanos.

LA SUPERACIÓN DE TU AUTODISCURSO NEGATIVO Y LA POSTERGACIÓN, VAN DE LA MANO

El autodiscurso negativo, incluyendo la autoinculpación y la vergüenza, el desprecio por uno mismo, cualquier cosa que rompa la imagen que tienes de ti mismo. Es uno de los grandes métodos de auto-sabotaje y la clave para entender la postergación y el exceso de pensamiento.

El diálogo interno negativo lleva a la depresión, a la pérdida de oportunidades, al pensamiento limitado, al perfeccionismo y a los desafíos en las relaciones.

Para entonces, probablemente reconocerás lo que se ha convertido en el lema del procrastinador: "Tengo que terminar este largo e importante proyecto". Ya debería estar hecho y necesito superarlo."

Este es el tipo de autodeclaración que sólo puede alimentar el ciclo de postergación. Pero si lo analizas, cada parte del lema en sí mismo propaga la procrastinación en sí misma. El lema comienza con *"Tengo que hacerlo"*, eso ya está cargando la tarea con un montón de asociaciones negativas. A nadie le gusta hacer algo que tiene que hacer. Y hay un aire de servidumbre en ello, y a nadie le gusta sentirse como un sirviente. En lugar de eso, reemplaza eso con "Yo elijo", que es mucho más poderoso.

El lema continúa usando la palabra *"terminar"*, pero eso sólo hace que la tarea parezca una gran cosa. En su lugar, el uso de la palabra *inicio*, inicia un proceso paso a paso que puede ser manejado más fácilmente.

De la misma manera, la tarea larga debería ser reconsiderada como una tarea corta. Si divides una gran tarea en una serie de tareas más pequeñas y manejables, entonces será una tarea corta, ¿verdad?

El *importante proyecto* del lema pone demasiada presión en la ejecución y saca el perfeccionista en cualquiera. Y como has dividido el gran trabajo en tareas más pequeñas, cada una de ellas no tiene por qué ser perfecta para que el conjunto sea un éxito. El proyecto *importante* se convierte en un *paso imperfecto*.

El lema continúa diciendo, que ya debería estar hecho, y eso puede ser cierto. Pero la frase está cargada de negatividad. Implica fracaso y sólo puede perjudicar la autoeficacia del trabajador, un elemento primordial tanto de la procrastinación como del exceso de pensamiento. En su lugar, reemplaza esa cláusula por "Me sentiré muy bien". Eso es fijarte una recompensa por los logros, un excelente motivador.

El lema se cierra con la *necesidad de superarlo*. Eso establece expectativas de un largo camino, que casi todos temerían y luego evitarían. En lugar de eso, prométete a ti mismo que tendrás mucho tiempo para disfrutar. De nuevo, tendrás algo que esperar, y estarás buscando satisfacción a largo plazo en lugar de gratificación inmediata.

Así que, si el lema del procrastinador es, "Tengo que terminar este largo e importante proyecto. Ya debería estar hecho y tengo que superarlo", entonces dejemos que el lema del no procrastinador sea, "Elijo empezar esta tarea con un pequeño e imperfecto paso". Me sentiré muy bien y tendré mucho tiempo para disfrutar".

Otro tipo de autocompasión destructiva es la baja autocompasión. Las personas que son más duras consigo mismas tienen menos probabilidades de ser tan productivas como podrían ser. Es contradictorio, porque uno podría imaginar que los que se esfuerzan más serán más productivos, pero los sentimientos de fracaso resultantes crean el efecto opuesto. Crea estrés y el estrés es perjudicial para la salud y la productividad del trabajador, como hemos visto.

En su lugar, practica la autocompasión (pocos te ofrecerán su compasión, después de todo). Perdónate por tus errores o deficiencias, entiende que estás haciendo lo mejor que puedes y que nadie ni nada es perfecto. Pero tienes que hacerlo deliberadamente. La autocompasión es algo fácil de olvidar. Puede que hayas oído la vieja frase, "Somos más duros con nosotros mismos". Bueno, haz un esfuerzo consciente para no hacerlo, y serás mucho más feliz, más sano y más productivo. Aquí hay otro viejo cuento: Un tipo va al médico, dobla los brazos hacia atrás y dice: "Doctor, me duele cuando hago esto". El doctor responde, "Entonces no hagas eso".

Por supuesto, no siempre es tan fácil. Si estás cargado de un diálogo interno negativo, trata de preguntarte: "¿Qué estoy sintiendo ahora mismo? ¿Culpabilidad, vergüenza? ¿Me estoy entregando a un diálogo interno negativo?" Si es así, no lo hagas. En vez de eso, haz lo contrario y déjate llevar por una charla positiva. "¡Buen trabajo, amigo! ¡Lo estás haciendo muy bien, hermana!"

Si eso no ayuda, intenta algo como, "Puedo estar seguro en este momento, estar seguro y ser aceptado y amado." No te olvides de respirar a un ritmo profundo, lento y constante. Luego elige hacer algo que te brinde algo agradable y nutritivo para volver a encarrilarte para una mayor productividad más tarde. Pero date tiempo para ir más despacio y recalibrar.

Para combatir el diálogo interno negativo, aprende a identificar tu crítica interior y no te sometas simplemente a ella. Ponle un apodo, como Debbie Downer o Sr. Pantalones Gruñones. Reduce su poder sobre ti y no dejes que la crítica interna esté constantemente en tu espalda. Enfréntalo, examínalo, pon tu negatividad a prueba y puede que la veas desmoronarse bajo el escrutinio. La negatividad no es real, después de todo. Los pensamientos no son reales.

También puedes establecer límites, incluso para ti mismo. Déjale claro a tu crítico interior que algunos temas están fuera de los límites. También puedes ser consciente del lenguaje negativo y reemplazarlo por un lenguaje neutral. Reemplaza "Odio..." por "No me gusta..." Reemplaza "No puedo soportar esto..." por "Esto es un gran desafío". El lenguaje negativo fomenta los pensamientos negativos. Las palabras tienen un significado.

Puedes considerar reemplazar tu crítico interior por un amigo interior, uno que naturalmente enmarque las cosas de manera positiva. Tu crítico interno puede decir, "¡No vales nada!" Pero tu amigo interior dirá, "¡Eres muy digno!" Tu crítico interno puede decir que te has quedado atrás y has fracasado en la vida, pero tu amigo interno te asegurará que todavía tienes muchos logros por delante.

Puedes reconsiderar tu perspectiva. ¿Significará algo lo que te está molestando ahora para alguien en cinco años? ¿Afecta a alguien fuera de tu círculo inmediato? Si no, tal vez no sea tan importante generar todo este discurso negativo.

Y no tengas miedo de decir estas cosas en voz alta. Ya hemos visto cómo hablar con alguien o incluso contigo mismo puede ser catártico y útil, y funciona aquí también. Dale voz y eso le dará a tu nueva perspectiva aún más poder. Tus oídos lo oirán, y eso ayudará a tu cerebro a creerlo.

Puede ser tan fácil como decir simplemente la palabra "detente". Cuando empiece el discurso interno negativo, sólo tienes que decirte a ti mismo que pares, insiste en ello. Imagina una señal de alto o un portazo para terminar la conversación interna negativa.

Aquí hay otra ecuación interesante: Eventos + Pensamientos = Emociones. Un evento le parece a una persona preocupante y reacciona emocionalmente. Así que, en esencia, los pensamientos median las emociones. No puedes cambiar los eventos, pero si quieres controlar tus reacciones emocionales, sólo tienes que cambiar tus pensamientos.

Pero estos pensamientos no ocurren en el vacío. Y hay errores generales que los que tienen un discurso interno negativo cometen, lo que sólo alimenta el ciclo de la procrastinación y pensamiento excesivo.

La lectura mental es la tendencia a hacer suposiciones sobre lo que otros están pensando. Estas suposiciones son casi siempre erróneas, pero pueden ser objeto de un interminable diálogo negativo. Imagina que estás en una cita y el otro parece reservado. Puedes molestarte por la certeza de un rechazo, o puede ser simplemente timidez.

La tendencia a asumir que los eventos aislados se repetirán en un patrón es demasiado generalizada. Si una cita no salió bien, se puede asumir que ninguna cita lo hará. Las suposiciones cometen un error similar en perspectiva.

La sobredimensión de las cosas hace que cada evento desagradable sea una catástrofe. Esa fecha será recordada como la peor fecha de la historia, y eso sólo propagará el pensamiento negativo y limitará las oportunidades futuras basadas en la generalización.

La minimización es la otra cara de la moneda, reduciendo cada experiencia agradable a una coincidencia o suerte, pero no debido a un logro personal. La minimización reduce tanto a la persona como al evento. La cita puede haber ido bien, pero eso podría atribuirse a una comida gratis, ¿verdad?

El razonamiento emocional permite a una persona tomar decisiones basadas en sentimientos en lugar de hechos. Tal vez la cita salió bien, pero esta persona no siente la atracción adecuada o permite que el nerviosismo o el miedo al fracaso impidan que se siga comprometiendo.

El pensamiento en blanco y negro nos lleva a exagerar la naturaleza de las personas y los eventos a un extremo u otro. Una mala cita lleva a algunos a creer que salir con alguien es malo en sí mismo.

El pensamiento en blanco y negro a menudo lleva a la personalización, cuando esos extremos se aplican al diálogo interno, uno asume demasiada responsabilidad por los eventos que están fuera de su control. El protagonista de una cita fallida, puede sentir que no ha logrado encantar a su compañero, cuando podría haber sido algo que está fuera de su control. Algunas personas simplemente no salen con otros por una variedad de razones; raza, altura, otras cosas que no podemos controlar.

El etiquetado resulta naturalmente de todo este diálogo negativo interno. Después de una mala cita, uno puede llamarse a sí mismo perdedor. Esa no es una etiqueta que nadie debería llevar.

Usar la palabra "debería" también puede ser destructivo. Lleva a pensar demasiado en el pasado y el futuro, pero eso sólo ahoga los acontecimientos en el presente, como hemos visto.

Puedes buscar estos errores en el comportamiento de los demás, así como en el tuyo propio. No podrás controlar lo que los demás piensan y dicen, pero podrás evitarlos y usar otras habilidades que hemos discutido en este libro para lidiar mejor con ellos. Por ejemplo, hacer preguntas positivas para contrarrestar las declaraciones negativas.

Y si debes ser autocrítico, hazlo intencionalmente y no habitualmente. Le dará a tus autocríticas más validez y más efectividad.

Hablamos de la autocompasión, que es en realidad una especie de diálogo interno positivo. Y al igual que hay inconvenientes en el diálogo negativo, hay beneficios en el diálogo positivo, incluyendo una mayor duración de la vida, menores tasas de angustia y depresión, mejor bienestar psicológico y físico, mejor salud cardiovascular, mejores habilidades para afrontar y resistir al estrés, incluso una mayor resistencia al resfriado común (aunque todavía no exista la cura).

Los pensamientos positivos inundan el cerebro con endorfinas, lo que fomenta la relajación y contribuye a mantenerte alerta y a centrar la psique.

Para fomentar el diálogo positivo con uno mismo, considera la posibilidad de identificar las áreas que debes mejorar, se consciente de tus pensamientos diarios, adopta el humor y un estilo de vida saludable, rodéate de personas positivas y practica deliberadamente la autocompasión y el diálogo positivo con ti mismo. ¡Es más fácil de lo que piensas!

LA VERDAD SOBRE LA DOPAMINA, Y CÓMO "HACKEAR" TU CEREBRO PARA QUE HACER "TAREAS DIFÍCILES" SEA MUCHO MÁS FÁCIL (INCLUSO PODRÍAS ENCONTRARTE DISFRUTÁNDOLAS)

La dopamina es un neurotransmisor producido en el cuerpo y utilizado por el sistema nervioso, para transmitir mensajes entre las células nerviosas. La dopamina influye en cómo pensamos y planeamos, nos esforzamos y enfocamos, y encontramos las cosas interesantes o placenteras.

Los estudios muestran una conexión entre la dopamina y varias funciones biológicas o de comportamiento, como la motivación, el aprendizaje, el ritmo cardíaco, la función de los riñones y los vasos sanguíneos, el sueño y el estado de ánimo y la atención, la lactancia y el procesamiento del dolor o las náuseas.

Muy poca dopamina se ha relacionado con la esquizofrenia, el TDAH (Trastorno de Déficit de Atención e Hiperactividad) y el uso de drogas y la adicción.

La dopamina puede ser creada por el cuerpo como resultado del placer o incluso anticipándose a él, desencadenada por las vistas y olores relacionados.

Los síntomas de la deficiencia de dopamina incluyen: dificultad para concentrarse, reducción de la motivación, concentración, entusiasmo y alerta, mala coordinación y dificultad para moverse. Entre las condiciones asociadas a los bajos niveles de dopamina se encuentran: la depresión, la enfermedad de Parkinson y el síndrome de deficiencia de transporte de dopamina, o la distonía-parkinsonismo infantil, que causa movimientos incontrolados similares a los del Parkinson.

Pero demasiada dopamina tampoco es algo bueno. Puede causar alucinaciones, delirios y manía, y está asociada con la adicción, la obesidad y la esquizofrenia.

Si tienes poca dopamina, hay varias formas de aumentar tus niveles.

Considera la posibilidad de cambiar la dieta por alimentos ricos en tirosina. Estos incluyen carnes, queso, pescado, soja, productos lácteos, nueces, semillas, lentejas y frijoles. También puedes probar un suplemento de tirosina. Puedes aumentar los niveles de magnesio comiendo más nueces, soja, semillas, frijoles y granos enteros.

Evita los alimentos con alto contenido de grasa, azúcar, cafeína y alimentos procesados. Corrige los hábitos de sueño perjudiciales y haz ejercicio diariamente. Utiliza la meditación, los ejercicios de respiración y la visualización para evitar el estrés.

Incluso puedes probar los nootropicos naturales como la L-teanina y la L-tirosina.

La neuroplasticidad es el proceso de cambio en el cerebro en respuesta a experiencias repetidas. Por lo tanto, si utilizas las técnicas que has aprendido en este libro, tales como el pensamiento positivo y la adopción de un estilo de vida más saludable, realmente entrenarás a tu cerebro para crear más dopamina.

El ejercicio y la productividad son buenas formas de quemar el exceso de dopamina.

La sección del cerebro asociada con la reacción emocional automática es la amígdala. Allí es donde se produce la respuesta de lucha o huida en momentos de gran presión. A menudo, luchar es resistir, y huir puede tomar la forma de simplemente ignorar a cierta persona o evento.

La norepinefrina se produce, creando un aumento del miedo y la ansiedad, luego la adrenalina sólo empeora los sentimientos. La dopamina, por otro lado, es el comunicador del placer. Los expertos han descubierto que, para vencer la procrastinación y el exceso de pensamiento, es útil tener más dopamina y menos norepinefrina.

Nuestra técnica de convertir una gran tarea en una serie de tareas más pequeñas nos ayudará a lograrlo. Una tarea más pequeña y completa, anima al cerebro a producir dopamina, y esa dopamina alimenta nuestros esfuerzos posteriores. Por el contrario, el estrés de completar una gran tarea impide la recompensa y por lo tanto la dopamina, mientras que alienta la producción de norepinefrina. Una vez más, es cuestión de cambiar tu comportamiento antes de cambiar tu pensamiento.

DESHAZTE DE TU COMPORTAMIENTO IMPULSIVO Y DEJA DE RETRASAR LAS COSAS, EL SECRETO PARA AVANZAR ES EMPEZAR, Y EN EL FONDO YA LO SABES (¡ASÍ QUE DEJA DE NEGARLO!)

El comportamiento impulsivo no suele estar planeado, sino que ocurre en el momento oportuno sin pensar en las consecuencias. Los diferentes comportamientos impulsivos de los adultos incluyen: atracones de comida, licor o drogas; destrucción de la propiedad, como en una rabieta; escalada de problemas y discusiones, arrebatos frecuentes; daño a sí mismo como cortes; violencia física como puñetazos; compartir demasiado sobre temas personales o inapropiados, y sexo de alto riesgo.

En los niños, busca ignorar el peligro, la interrupción, la agresión vocal, la agresión física y el agarre.

La impulsividad puede ser causada por la personalidad o la experiencia adquirida, o por la conectividad o la función del cerebro, pero no se puede descartar la influencia de la genética, los traumas de la infancia o los cambios físicos en el cuerpo.

Los trastornos mentales como el TDAH, la personalidad antisocial, el trastorno explosivo intermitente, la personalidad límite y el bipolar, también pueden contribuir a la impulsividad. La cleptomanía (el deseo de robar), la piromanía (el deseo de quemar) y la tricotilomanía (el deseo de arrancarse el pelo) están estrechamente asociadas con el comportamiento impulsivo. El juego patológico es uno de los comportamientos impulsivos clásicos.

Las lesiones cerebrales y los accidentes cerebrovasculares también pueden ser factores contribuyentes.

Pero hay momentos en los que el comportamiento impulsivo puede ser remediado. Con un adulto, considera atravesar de los posibles escenarios de lo que puede suceder como consecuencia. Tómate un momento para pensarlo bien. Lo mismo es bueno para el comportamiento impulsivo de un niño, aunque hacer un juego de rol puede hacer que la lección se asimile un poco más eficazmente. Son niños, después de todo.

Como vimos antes, el entorno es crucial, ya que tiene una tremenda influencia. En este caso, busca los desencadenantes de tu comportamiento impulsivo y cambia tu entorno para excluirlos tanto como puedas. Los jugadores impulsivos deben mantenerse fuera de los casinos, por ejemplo. Los comedores impulsivos no deberían pasar por la panadería. Deben cambiar el lugar donde van, cambiar su ruta al trabajo para evitar la panadería, y frustrar esos impulsos y ser capaces de cambiar sus comportamientos.

Como hemos visto, la mejor manera de hacer algo es empezar. Un viaje de mil millas comienza con un solo paso, como dicen. Y hemos visto el valor de dividir una gran tarea en tareas pequeñas y manejables. Bueno, la primera de esas tareas sólo puede ser una cosa; empezar. El viejo dicho, que ha sido atribuido a una variedad de fuentes incluyendo a Mark Twain, dice así: La clave para salir adelante es empezar.

Así que sigue el consejo de Nike y sólo hazlo. No tiene que ser genial; sólo tiene que serlo. Puedes corregirlo más tarde si lo necesitas, pero al menos estarás comprometido con la tarea y no estorbado por la parálisis del análisis.

Mucho de esto requerirá autocontrol, y eso se puede mejorar. Como cualquier gran proyecto, divídelo en tareas manejables. Paga tu tarjeta de crédito a tiempo y disfruta de la sensación de ser responsable. La dopamina resultante te impulsará a la siguiente tarea de autocontrol, contando las calorías de tu próxima comida. Te sentirás mejor y más fuerte y te animarás a pasar a tu siguiente tarea de autocontrol, un viaje al gimnasio. Es una espiral ascendente en lugar de una espiral descendente, y una con todos los beneficios mentales y físicos positivos para ayudarte a vivir una vida mejor. Descubrirás que el control de los impulsos, la postergación y el exceso de pensamiento son básicamente cuestiones de autocontrol también. Y una vez que hayas incrementado conscientemente tu autocontrol, encontrarás que abordar esos problemas también es más fácil.

APLICA LA GRATIFICACIÓN RETRASADA, Y HAZ LAS TAREAS URGENTES USANDO LA PROCRASTINACIÓN ACTIVA

Una gran parte de derrotar el ciclo de la procrastinación y el exceso de pensamiento está en retrasar la gratificación. La gratificación inmediata es uno de los factores principales en la procrastinación, como hemos visto. Pero hay beneficios significativos al retrasar la gratificación.

La Universidad de Stanford colocó a los niños en una habitación con un plato que contenía un solo malvavisco. Se les dijo que podían comer la golosina o esperar 15 minutos y obtener dos malvaviscos. Los que esperaban generalmente también obtuvieron mejores resultados en las pruebas estandarizadas, mejor comportamiento y mejor salud.

En tu caso, la gratificación retrasada que llega al completar una gran tarea, será mucho más dulce, y bien vale la pena esperar si la descompones simplemente. La gratificación retrasada es al menos el doble de buena que la inmediata, pero en realidad, es cien veces mayor, incalculablemente mayor.

Piensa en experiencias anteriores en las que no esperaste y fuiste a por la gratificación inmediata. ¿Cómo te hizo sentir eso, qué te llevó a esa experiencia? Ahora reflexiona sobre el tiempo que esperaste o tuviste que esperar, como el día de Navidad. ¿Cómo recuerdas esas experiencias? ¿No fue el día de Navidad más dulce, más precioso, por la espera?

El estudio también demostró que los niños a los que se les dijo que se imaginen los malvaviscos como pequeñas nubes esponjosas tenían más facilidad para esperar, y los que se les pidió que describieran el sabor y la sensación de comer los malvaviscos, estaban menos dispuestos a esperar. Esto sugiere que la emoción es un mayor disparador de impulsos que la razón.

La gratificación tardía también puede proporcionar el factor de motivación que la gratificación inmediata simplemente no puede. La gratificación retardada crea una meta, algo por lo que trabajar. Pero la gratificación inmediata no puede hacer esto por su propia naturaleza, porque es inmediata y los objetivos son al menos ligeramente a largo plazo.

Comprar una casa, jubilarse, casarse, son metas clásicas y todas ellas implican una gratificación retrasada.

Es muy probable que la gratificación retrasada mejore con el tiempo y la madurez. Es más probable que un adulto valore la gratificación retrasada que un niño. La teoría del autocontrol y la autorregulación de Baumeister de 2007 (Baumeister, 2007), describe cinco áreas o dominios diferentes del retraso en la gratificación. Entre ellas se incluyen la comida, el placer físico, la interacción social, el dinero y los logros.

Es difícil resistirse a un bocadillo sabroso, por ejemplo (comida), un buen masaje en la espalda (placer físico), una noche de diversión (interacción social), una apuesta rápida (dinero) o una risa rápida (logros). Pero estas son las áreas en las que el retraso es más beneficioso. Retrasar la comida es más saludable, retrasar el placer físico puede llevar a un mayor placer más tarde. Evitar una apuesta rápida te ahorrará la pérdida, una risa rápida puede ser inapropiada. El retraso es natural en estos dominios, son una parte natural de estas cosas. Esperamos hasta la hora de la comida para comer, hasta que sea un momento y lugar apropiado para el placer físico. Hacemos citas para salir y prepararnos para ese evento. Recibimos los cheques de pago en intervalos de dos semanas. Conseguimos ascensos después de años de trabajo. Tenemos que esperar para estas cosas.

La postergación tiene algunos aspectos positivos; sin embargo, la postergación activa puede convertirse en una ventaja para cualquiera si entiende lo que es y cómo funciona.

La postergación ayuda a una persona a aprender a manejar los retrasos, le da la oportunidad de reflexionar sobre su rumbo y a menudo resulta en la toma de mejores decisiones. La postergación puede ayudar a priorizar y permitir que se realicen tareas más pequeñas. En su extraña forma, la postergación es la antítesis del comportamiento impulsivo.

Al naturalista, Charles Darwin, le llevó 20 años terminar "El origen de las especies". El genio del renacimiento Leonardo da Vinci pasó años preocupándose por su Mona Lisa. Era un procrastinador perfeccionista.

Estudios de estudiantes universitarios indican que muchos procrastinadores son más competitivos y egoístas, mientras que los no procrastinadores están más orientados a las tareas.

La mayoría de la gente piensa que la postergación es esencialmente pasiva; después de todo, la postergación se trata de no hacer una determinada tarea, ¿verdad?

Pero existe una forma activa de postergación, cuando alguien pospone una tarea deliberadamente y desvía la atención a tareas más importantes. Aquellos que aplazan activamente parecen preferir trabajar bajo presión. Están motivados por el desafío y a menudo logran cumplir con los plazos.

La procrastinación activa tiene tres facetas principales. La primera es cognitiva, cuando una persona decide postergar. La segunda es afectiva, cuando una persona prefiere la presión del tiempo. La tercera es conductual, en la que todavía completan la tarea a tiempo.

La procrastinación activa está estrechamente asociada con la multitarea. Los procrastinadores activos tienden a usar estrategias de afrontamiento orientadas a las tareas en momentos de estrés, evitando reacciones emocionales. Los procrastinadores pasivos se inclinan por estrategias de evasión y se basan en reacciones emocionales. Los procrastinadores activos son impulsados tanto por la motivación intrínseca, que viene de adentro, como por la motivación extrínseca de una fecha límite inminente. Los procrastinadores activos a menudo tienen un nivel significativo de autonomía, confianza en sí mismos y autoconfianza.

Pero la procrastinación activa debe aprenderse, y aquí hay un buen ejercicio para ayudarte a adoptar el tipo de aplazamiento más beneficioso. Ponte una tarea simple, digamos enviar un correo electrónico. Luego ponte en el lugar donde se hace esa tarea, que en este caso sería frente a una computadora. No lo hagas, espera tanto como te atrevas. Siente las emociones que resultan de la espera, acepta que será incómodo, aburrido, frustrante, estresante. Deja que los sentimientos vengan... y luego déjalos ir. Necesitas actuar desde un lugar racional, no un lugar emocional. Una vez que los sentimientos hayan pasado, comienza la tarea. Ya has dominado tus emociones, y eso es algo con lo que el procrastinador pasivo lucha. ¡Ahora estás listo para completar la tarea y escribir ese correo electrónico!

Como discutimos anteriormente, un hábito es algo fácil de abandonar y difícil de renunciar. A menudo el mejor recurso es tomar el hábito opuesto. En lugar de renunciar a la carne, conviértase en vegetariano. Y lo mismo es cierto para la procrastinación pasiva. Es un hábito difícil de romper. Pero puedes elegir ser un procrastinador activo en su lugar, y dejar que el buen hábito simplemente sustituya al malo.

POMODORO, EL NUEVO MEJOR AMIGO DE LOS PROCRASTINADORES

Ya hemos discutido la noción de dividir una gran tarea en varias tareas más pequeñas, y los diversos beneficios de este enfoque. Pero una versión más precisa de este enfoque se llama la Técnica Pomodoro.

La Técnica Pomodoro recomienda dividir las grandes tareas en secciones de 25 minutos, con una pausa de unos 5 o 10 minutos. La técnica se refiere a estos períodos de trabajo de 25 minutos como Pomodoros.

Los frecuentes descansos te mantienen fresco y concentrado, y la cuidadosa medición del tiempo te mantiene concentrado y disciplinado, mientras que completar cada Pomodoro gratifica y trae la recompensa de la auto-satisfacción y la auto-eficacia positiva.

La técnica Pomodoro se implementa mejor en etapas: planificación, seguimiento, registro, procesamiento, visualización. Planifica los eventos del día al principio del día. Rastrea tu progreso y la nueva información a lo largo del día. Haz un registro al final del día para ver los resultados de tu progreso. También, al final del día, procesa esos datos en información visualizándolos para que puedas entenderlos claramente y usarlos en tu beneficio más tarde.

Para implementar la Técnica Pomodoro, utiliza un cronómetro para asegurarte de que te ajustas al programa. Comienza con una lista de tareas, en orden de prioridad, e incluye una sección para las interrupciones inesperadas. Lleva también una planilla de actividades, para anotar estas cosas, y una hoja de registros para enumerar los datos compilados a lo largo del día. Y no te saltes los descansos, son importantes para mantenerte concentrado y vital a lo largo del día. Los descansos son bien conocidos por tener muchos beneficios. Te permiten dar un paso atrás y reevaluar, acelerar tu cerebro, pensar en mejores ideas y prevenir el agotamiento.

ESTRATEGIAS PROBADAS QUE TE AYUDARÁN A SUPERAR SU PROCRASTINACIÓN

Una técnica avanzada para controlar la procrastinación es el Principio de Urgencia/Importancia de Eisenhower, que hace hincapié en el uso eficaz y no simplemente eficiente del tiempo. Esta técnica te ayuda a priorizar, a diferenciar qué tareas de tu lista de tareas son importantes y cuáles son más bien distracciones.

Ser eficaz y no simplemente eficiente significa dividir las actividades en dos grupos. Las actividades importantes están relacionadas con objetivos a largo plazo, mientras que las actividades urgentes deben ser tratadas inmediatamente, pero pueden no estar relacionadas con nada a largo plazo. Conocer la diferencia te ayudará a priorizar entre las dos.

¡Pruébalo tú mismo! Haz una lista de todo lo que haces durante el día, no importa lo inconsecuente que sea. Luego divide esas actividades en cuatro categorías: importante y urgente, importante pero no urgente, no importante pero urgente, y no importante y tampoco urgente.

Cuando las cosas son importantes y urgentes, pueden incluir cosas que están programadas (importantes) y cosas que no están planificadas (urgentes). Deberás programar tiempo adicional para acomodar ambas cosas. Las tareas importantes, pero no urgentes, son vitales para el éxito a largo plazo, por lo que debes dedicarles mucho tiempo en tu programa diario. Cuando algo no es importante pero urgente, piensa en delegar la tarea si tu tiempo es ocupado por algo, cualquier cosa, que sea importante. Cuando algo no es importante y tampoco urgente, ponlo al final de la lista y vuelve a programarlo hasta que no haya nada en las tres primeras categorías.

Otro consejo útil para vencer la procrastinación es descomponer su sentido del tiempo hasta el más mínimo incremento. En lugar de ver el plazo como si fuera de tres días, piensa que es de 72 horas. Le da al retraso una sensación de ser más corto y añade urgencia a tu motivación.

Piensa en cómo tu trabajo afecta a los demás. Muy a menudo, carecemos de autocuidado y auto-suficiencia, pero somos muy cuidadosos y solidarios con los demás. ¿Recuerdas la frase, "Siempre somos más duros con nosotros mismos"? Bueno, esto llega a la raíz de eso. Así que en lugar de pensar en ti mismo y en tu eficacia o inseguridad, piensa en los demás a tu alrededor. Si lo postergas, ¿cómo les afectará a ellos, a sus carreras y a su reputación?

También podrías volver a fijar la fecha límite. Si es un lunes, date una fecha límite del viernes anterior para que estés seguro de hacerlo, aunque procrastines un poco.

Comprometerse públicamente con la fecha límite es una buena manera de presionar. Es como dar tu palabra. ¡Tu integridad y tu posición son grandes motivadores! Un amigo motivador que te registre y te apoye, es también una estrategia potente. ¡Podrías pensar en hacer una apuesta con alguien de que terminarás la tarea!

Otro buen ejercicio es elegir una pequeña tarea y darte cinco minutos para terminarla. Será una pequeña victoria para ti, una pequeña derrota para la procrastinación. Mucha gente tiene una canción favorita que los motiva para una tarea en particular. La música crea respuestas emocionales, y las emociones tienen un gran poder para inspirar nuestro comportamiento, como hemos visto.

Ahora que hemos hecho un progreso considerable derrotando la procrastinación, ¡hagamos lo mismo con el exceso de pensamiento!

6

¡SUPERA TU PENSAMIENTO EXCESIVO!

ORDENAR TU MENTE TE AYUDA A RECARGAR TU CEREBRO Y REFORMAR TUS COMPORTAMIENTOS Y HÁBITOS EN TAN SOLO UNOS DÍAS

Anteriormente, nos fijamos en cómo el entorno puede influir en el pensamiento y el comportamiento. Y de la misma manera en que el ambiente de uno puede volverse desordenado, también lo puede hacer la mente. Pero desordenar la mente es una gran manera de superar el exceso de pensamiento.

Así que, considera tu mobiliario mental; ¿se ajusta, chocan las piezas? ¿Están tus aparatos mentales en buen estado de funcionamiento, para que puedas cocinar cuando lo necesites y enfriarte cuando lo necesites? ¿Refleja la decoración realmente lo que eres ahora o hay muchas cosas viejas que es hora de reemplazar?

Y mientras miramos la correlación entre la mente y el entorno, echa un vistazo a tu entorno real. ¿Está limpia tu casa? ¿Está tu escritorio desordenado? ¿Está bien organizado? Estas cosas afectarán a tu psique tanto como son afectadas por ellas.

Escribir tus preocupaciones es una gran manera de sacarlas de tu mente, porque esos pensamientos están ahora almacenados en otro lugar. Llevar un diario tiene este beneficio y muchos otros, incluyendo la posibilidad de organizar las cosas en las que estás pensando en exceso y luego resolverlas o solucionarlas, convirtiendo el pensamiento negativo en un comportamiento positivo.

El desorden mental suele estar causado por recuerdos de cosas pasadas; no suelen ser recuerdos agradables, sino rencores y eventos desagradables que tal vez podrían haber funcionado de otra manera. Deja ir esas cosas de la misma manera que tirarías las revistas viejas. No son contemporáneas o relevantes para tu vida en el presente, y ocupan mucho espacio.

La multitarea tiende a llevar a un gran desorden mental, porque se están atendiendo demasiadas cosas a la vez y no se pueden hacer todas a pleno. La multitarea desbarata el tiempo del trabajador y como resultado, desbarata su mente.

El exceso de información es quizás el principal culpable del desorden mental, y eso tiene sentido. En nuestro mundo actual, obtenemos más información y más rápido que nunca. Los ciclos de noticias son más cortos, la gama de información es cada vez más amplia. Así que naturalmente tenemos demasiada información. Pero, ¿cómo podemos resistir eso en esta era híper-informativa? Limita tu tiempo en Internet o frente a la televisión, discierne a qué le prestas atención.

Ser decisivo es una buena manera de combatir el exceso de pensamiento también, porque la acción decisiva reemplaza el exceso de pensamiento que puede crear una parálisis de análisis. Ser decisivo también te ayuda a priorizar, otra clave para romper los ciclos de sobrepensamiento y procrastinación.

Una gran manera de despejar el desorden mental es meditar, eso es una gran parte de lo que trata la meditación; despejar tu mente y concentrarte. La respiración profunda es una gran parte de la meditación, y esa práctica por sí misma puede ser muy útil para liberar tu mente del desorden.

Como lo harías si lo aplazaras, piensa en encontrar un amigo que te apoye y con el que puedas hablar de tus preocupaciones. Hablar con él te ayudará a sacártelo de encima y de tu mente.

Un ciclo de sueño saludable es importante para una buena salud mental, y esa es la clave para romper el ciclo de pensar demasiado. Despiértate temprano y acuéstate a una hora razonable. Evita las cosas que interrumpan tus patrones de sueño, como ya lo hemos discutido.

Estar en contacto con la naturaleza es una gran manera de aliviar el desorden mental. Es otro caso de la conexión entre el medio ambiente y la salud mental. Una vez más, cambia tu entorno y podrás cambiar toda tu forma de pensar. El sonido de los pájaros cantando o de un arroyo, el viento soplando a través de los árboles, los olores y las vistas del bosque o incluso de un parque público, son refrescantes y tranquilizantes y deberían ayudar mucho a liberarte de ese desorden mental.

Mucha gente hace un inventario mental, que es una lista de cosas que uno debería hacer, cosas que uno tiene que hacer y cosas que uno desea hacer. Una vez que están almacenadas en otro lugar, puedes sacarlas de tu escritorio mental, por así decirlo. Pregúntate cuán importante es cada tarea para ti o alguien cercano a ti. Sigue revisando ese inventario según sea necesario, a medida que se completen las tareas antiguas y surjan otras nuevas.

El cerebro es responsable de una variedad de funciones neurológicas y cognitivas, este último grupo incluye el lenguaje, la atención, la memoria, las habilidades visuales-espaciales y la función ejecutiva. Pero el cerebro puede aburrirse de estas funciones por lo que necesita una estimulación frecuente. Puedes utilizar desafíos específicos y actos de relajación para mantener el funcionamiento del cerebro en su mejor estado.

Aprender una nueva habilidad puede ser tanto un desafío como un acto de relajación. Aprender a cocinar, a pintar o a tocar un instrumento musical es genial tanto para desafiar como para relajarse. El yoga terapéutico también es tanto un desafío como un acto de relajación, y muy bueno para el cuerpo. Descansar mucho es un acto de relajación (y a menudo un desafío también) pero es vital para refrescar el cerebro.

Las actividades de resolución de problemas como los rompecabezas y los videojuegos son una buena manera de mantener el cerebro estimulado y ansioso por procesar nuevos datos. Expresarse artísticamente, como mencionamos antes, es una gran manera de relajarse; bailar, escribir un diario, cantar. Tampoco importa lo bueno que seas en estas cosas. ¡No es el momento de ser un perfeccionista!

Y no olvides tomarte tiempo libre para las cosas que disfrutas, ya que este equilibrio es vital para una mente despejada y fresca.

5 ESTRATEGIAS FÁCILES PARA SUPERAR EL PERFECCIONISMO Y CÓMO ESTO REDUCIRÁ TU EXCESO DE PENSAMIENTO

El perfeccionismo, el impulso de rendir y producir de forma impecable, puede parecer un fuerte motivador, pero ya hemos visto cómo puede realmente impedir la productividad. También puede contribuir a muchas condiciones negativas, incluyendo la depresión, la ansiedad, el trastorno obsesivo-compulsivo, el agotamiento, los trastornos alimenticios y el riesgo de suicidio.

Ya hemos visto que es uno de los mayores contribuyentes a la procrastinación y al pensamiento excesivo también. Ninguna conversación habría sido perfecta, ninguna situación posible será perfecta. Nada será perfecto, y si lo es, probablemente se deba a una pizca de suerte, algo que nadie puede controlar.

Como hicimos antes, echemos un vistazo al lenguaje que usamos, porque las palabras tienen un significado y pueden cambiar drásticamente nuestras perspectivas. Por ejemplo, un perfeccionista podría decir, "No obtuve una A en un examen; soy un completo fracaso". Pero una alternativa podría ser algo como, "Cualquiera que sea la nota, ¿importará en un año a partir de ahora?" El perfeccionista podría decir: "Mi corte de pelo es horrible, no quiero que me vean". Pero la alternativa puede ser algo como: "La gente tiene cosas más importantes de las que preocuparse, y siempre volverá a crecer. Con la forma en que la gente usa su cabello hoy en día, probablemente nadie lo notará."

Las actitudes son completamente diferentes, y también lo serán los comportamientos resultantes.

Pero aquí hay 5 formas concretas de ayudar para superar tu exceso de pensamiento perfeccionista:

- Primero, haz una lista de las ventajas y desventajas de tratar de ser perfecto. Verás enseguida lo peligrosas que son las desventajas (problemas de relación, ansiedad) y las ventajas (mejores decisiones después de una reflexión más clara).
- En segundo lugar, sé más consciente de ti mismo. Si tiendes al perfeccionismo, sustituye esos pensamientos por otros más humildes. Concéntrate en lo positivo de un proyecto, no en los inevitables pequeños defectos.
- Tercero, como con la procrastinación, establece un calendario con límites y apégate a él. Es una cuestión de autocontrol y autocuidado.
- Cuarto, aprende a no ver la crítica como un ataque personal, no respondas a la defensiva. Escucha las críticas y no las contrarrestes, sólo digiérelas. Si has cometido un error, reconócelo, pero no te castigues por ello. Todo el mundo tiene derecho a cometer un error de vez en cuando. Nadie es perfecto, ¿verdad?
- En quinto lugar, establece metas razonables que puedas cumplir. Fijar metas enormes que pueden ser casi imposibles,

es prácticamente prepararse para el fracaso y la decepción, alimentando el ciclo de pensamiento negativo.

Unas palabras sobre la fijación de objetivos. Los perfeccionistas tienden a establecer ciertas metas que sólo alimentan las tendencias perfeccionistas. Los no perfeccionistas establecen objetivos de un tipo diferente. Por ejemplo, los perfeccionistas a menudo establecen objetivos basados en lo que otros esperan. Un objetivo más saludable se basa en deseos personales. Los perfeccionistas creen que su objetivo es la perfección, mientras que un objetivo más saludable, se basa en la relatividad de las habilidades del trabajador o en logros recientes. El perfeccionista puede fijar una meta centrándose en el resultado final, mientras que un sistema de fijación de metas más saludable, puede enfatizar el placer que se encuentra en el proceso; la creatividad y el trabajo con los demás, la formación de vínculos, etc. El perfeccionista teme la desaprobación o el fracaso como algo relacionado con su persona, pero una mentalidad más sana de fijación de metas asocia la desaprobación o el fracaso con el proyecto, no con los trabajadores.

Y, cuando estés estableciendo tus metas, no te olvides de ser inteligente. Las metas deben ser específicas, medibles, alcanzables, realistas y oportunas (SMART).

Otra buena manera de prevenir el perfeccionismo es tratar de ver un problema a través de los ojos de otra persona. ¿Qué harían ellos? ¿Qué consejo te darías? Recuerda, somos los más duros con nosotros mismos.

Una técnica de exposición, es cuando una persona se enfrenta, o se expone, a su mayor miedo para conquistar ese miedo. Para los protagonistas, esos miedos incluyen el rechazo, el fracaso, el ridículo. Así, un perfeccionista siempre puede lograr deliberadamente un pequeño fracaso para descubrir cuán no catastrófico puede ser tal cosa. Puede sonar extraño (impensable para algunos), pero adelante y desordénate un poco. Deja caer tu tren de pensamiento durante una presentación o usa una camisa arrugada. Deja una pausa incómoda por un rato más de lo que podrías haber hecho. Luego siéntate y observa lo que sucede... que probablemente no sea nada. Las imperfecciones sólo molestan a los perfeccionistas, y esa es una lección vital para aprender a frenar ese rasgo a menudo destructivo.

Otro truco ingenioso para lidiar con el perfeccionismo es conseguir un nuevo hobby. No es probable que lo domines de inmediato, así que no esperarás la perfección... esperemos. Te sentirás más atraído por el momento de aprender y crecer y no por los resultados o sus consecuencias.

CULTIVA TU MENTALIDAD HASTA SU MÁXIMO RENDIMIENTO Y LIBÉRATE DE LA ANSIEDAD Y LOS PENSAMIENTOS NEGATIVOS

Los perfeccionistas no son los únicos que tienen ansiedad y miedo al fracaso, por supuesto. Ya hemos examinado algunos mecanismos para afrontar el miedo al fracaso y otros problemas comunes a la procrastinación y el exceso de pensamiento; ser consciente de las causas y los desencadenantes, replantear tus creencias en torno al objetivo para quitarle importancia a las consecuencias, cambiar tu lenguaje y tu perspectiva de lo negativo a lo positivo, visualizar los posibles resultados, considerar el peor escenario posible y tener un plan de respaldo. Pase lo que pase, ¡aprende de ello para la próxima vez!

Pregúntate qué aprendiste de una determinada situación, cómo puedes crecer como resultado de ella, y encuentra al menos tres cosas positivas de la experiencia.

UNA MENTE SANA ESTÁ EN UN CUERPO SANO

Hemos hablado de dietas saludables y no saludables y sus efectos en la salud mental, la procrastinación y el exceso de pensamiento. El órgano central del exceso de pensamiento, el cerebro, tiene una conexión aún más fuerte con el cuerpo. El cerebro nunca deja de funcionar, ni por un segundo durante su vida. Por lo tanto, requiere una increíble cantidad de energía, más que cualquier otra parte del cuerpo.

De hecho, las células del cerebro consumen el doble de energía que las otras células. Representando solamente entre el dos y el tres por ciento de la masa corporal de una persona promedio, el cerebro quema un 20% de las calorías consumidas.

Así que una dieta y un estilo de vida saludables, son cruciales para el cerebro, y para las funciones cognitivas que el cerebro controla, como hemos discutido. Proporcionan la agilidad mental duradera necesaria para ser productivo. ¿Alguna vez has comido mucho y luego te has sentido como atontado? Es porque comer en exceso inunda el cerebro con demasiada glucosa. La falta de glucosa tiene un efecto similar y debilitante.

Los alimentos procesados que son azucarados, salados o grasos, tardan más tiempo en ser digeridos por el cuerpo (tres días completos para un Big Mac de McDonald's). Y eso significa menos combustible útil para el cerebro... y el resto del cuerpo también.

Para una salud mental y física óptima, los expertos recomiendan evitar cualquier cosa procesada, y comer sus alimentos orgánicos o naturales más lentamente para ayudar a la digestión. Tu estómago tarda unos 15 minutos en enviar el mensaje a tu cerebro de que estás lleno. Comer más rápido significa que llenas ese vacío con más comida de la que necesitas, inundando tu cerebro con glucosa.

Algunos consejos y trucos para comer de forma más saludable incluyen la sustitución de las verduras por la carne en platos como la pizza o la tortilla. Toma café o té sin crema ni azúcar. Las verduras y el humus pueden sustituir a las patatas fritas y a la salsa en tu próxima fiesta. Cocina en casa, sabe mejor y sabes exactamente lo que estás comiendo y las circunstancias en las que fue hecho. Si la comida para llevar es una necesidad del estilo de vida, encuentra las opciones más saludables. ¿Taco Bell? Prueba con Subway. ¿Kentucky Fried Chicken? Bueno, cualquier cosa es probablemente mejor que el KFC a menos que te comas la caja. Incluso entonces...

Correr es un ejercicio y un pasatiempo recreativo que puede tener grandes ventajas para un cuerpo y una mente sanos. Quemar calorías, contribuye a la salud circulatoria y cardiovascular, pero además, los estudios muestran que ofrece apoyo al cerebro y mejora el estado de ánimo. Calma la mente mientras nos concentramos en el movimiento básico en lugar de preocupaciones intelectuales más complicadas.

Correr también utiliza el exceso de adrenalina o cortisol para difundir el estrés.

Cualquier ejercicio debe hacerse con moderación, por supuesto. Los expertos recomiendan 20-30 minutos cada vez, dos o tres veces por semana.

Usa muchas de las mismas técnicas que usamos para la postergación (sueño y dieta saludables, autocompasión, reflexión, despersonalización) para ayudar a superar tu exceso de pensamiento. Y no sólo pienses en ello, ¡hazlo!

7

ESTABLECE METAS QUE REALMENTE TE INSPIREN Y SE BASEN EN TUS DESEOS MÁS PROFUNDOS

El gran artista Pablo Picasso dijo una vez: "Nuestros objetivos sólo pueden alcanzarse a través de un plan, en el que debemos creer fervientemente, y sobre el que debemos actuar enérgicamente. No hay otra ruta para el éxito."

Así que, persigue una meta que tenga un plan en el que creas y sobre el que actúes. Eso realmente no suena tan difícil, pero hay facetas que son fáciles de pasar por alto. Una de ellas es el objetivo. Ya hemos discutido el uso de objetivos a corto plazo para lograr un único objetivo a largo plazo, dividiendo un proyecto en una serie de tareas más pequeñas. Pero es importante establecer los objetivos correctos, ser inteligentes (SMART) en la selección de nuestros objetivos.

POR QUÉ LOS OBJETIVOS INTELIGENTES NO SON SUFICIENTES PARA DARTE UN EMPUJÓN

Recordarán que SMART (en inglés) es un acrónimo de objetivos que son específicos, medibles, alcanzables, orientados a los resultados y limitados en el tiempo. Pero establecer buenos objetivos por sí solos no te ayudarán. Necesitarás ponerlos en acción. Habrá que dividir el proyecto en unidades más pequeñas que puedan ser alcanzadas, a veces llamadas hitos.

Para poner esto en juego, comienza haciendo una lista de tareas que lograrán cada hito. Utiliza una línea de tiempo para esto, como hemos discutido.

Ya hemos hablado de aplicaciones para la gestión del tiempo, ¡pero también las tienen para establecer objetivos! La Agenda GTD (Getting Things Done) (consigue hacer las cosas, en español) es una de ellas, y el plan básico de 4,45 dólares al mes, ¡te permite hacer un seguimiento de hasta 30 objetivos y 50 tareas! *GoalsOnTrack, Profit, ClearCompany, 7Geese, Lattice, Sprigg* y *Wrike* son otras aplicaciones útiles.

Porque mientras que los objetivos inteligentes (o SMART) son geniales, el establecimiento de objetivos puede ser mucho más complicado. Los objetivos no sólo son cruciales para el patrón básico de realización, el primer paso crucial en ese ciclo, sino que los estudios han demostrado que aumentan la motivación y la organización. Y cuanto más desafiante y más valioso sea el objetivo, mayores serán nuestros esfuerzos para alcanzarlo y mayores serán los resultados del éxito.

Los estudios también muestran que los objetivos claramente definidos conducirán a un rendimiento superior. La investigación ha producido una teoría de fijación de objetivos basada en cinco principios clave: compromiso, claridad, desafío, complejidad, retroalimentación.

Realmente tiene sentido. Cuanto más comprometidos estemos con una tarea, más probabilidades tenemos de cumplirla y obtener éxito. El compromiso viene de la motivación adecuada, como la ganancia a largo plazo. Por el contrario, la falta de compromiso inspira menores resultados, especialmente cuando la tarea es un desafío.

La claridad también es clave; la naturaleza y el propósito de la tarea, su valor, su plazo. Si un trabajador está confundido en cuanto a lo que está haciendo o por qué lo está haciendo, eso aumenta enormemente las posibilidades de fracaso e inhibe la probabilidad de logro. Pero, ¿quién podría comprometerse con algo que ni siquiera puede entender?

Es fácil ver cómo estos pasos, como muchos en tales ecuaciones, llevan de un acierto a otro.

Una vez que se tiene el compromiso y la claridad, el objetivo debe ser un desafío. No debería ser imposible, claramente, pero las tareas aburridas y mundanas son las menos atractivas para la psique humana y las más alentadoras de las mentalidades negativas que causan la procrastinación y el exceso de pensamiento. Al ser humano le gusta que lo desafíen; así es como construimos las pirámides y pusimos a un hombre en la Luna.

La complejidad es importante, ya que debe venir con moderación. El desafío es grande, pero demasiada complejidad interrumpe la claridad que necesitamos para realizar las tareas. Pero la complejidad se produce, a menudo de forma imprevista y como resultado de la realización de la tarea en sí, así que asegúrate de presupuestar un poco más de tiempo en la línea de tiempo del proyecto, para tener en cuenta la complejidad.

La retroalimentación hace que el proceso y el progreso avance durante cada una de estas etapas.

Un poco más sobre los objetivos y cómo establecerlos:

Se ha demostrado que el establecimiento de objetivos mejora el rendimiento académico hasta en un 25%. Establecer el objetivo correcto se ha asociado con un estado de flujo óptimo, o estar en camino, como se dice.

Una investigación sobre los estudiantes universitarios, encontró que el optimismo y la esperanza hacían que los estudiantes fueran más aptos para establecer metas y lograr sus tareas. Los estudiantes con alta autoeficacia lo hicieron mejor que aquellos con menos confianza en sí mismos. Cualquiera de los dos tipos de estudiantes parece más probable que se vean influenciados por los estándares sociales al establecer sus objetivos.

Hasta ahora, hemos hablado de la fijación de objetivos como una práctica más o menos individual, pero con proyectos más grandes que requieren equipos, ¡un enfoque de equipo para la fijación de objetivos puede ser un enfoque invaluable! La investigación ha demostrado esto, lo que tiene sentido. Las personas se inspiran unas a otras y proponen mejores ideas, y eso fomenta una moral más alta, un pensamiento positivo más claro, mejores resultados, en un espiral ascendente. A menudo se trata de una experiencia en el lugar de trabajo, cara a cara, pero el mismo principio se aplica a los equipos virtuales, que deben hacer su colaboración a través del Zoom. Pero los combos musicales están funcionando juntos sobre tales dispositivos, las producciones teatrales se están poniendo en escena por todo Internet, incluso Saturday Night Live lo ha hecho. ¡Tú también puedes!

Los grupos virtuales deberían considerar tener una especie de director para centralizar las comunicaciones y mantener las cosas en orden.

Antes de fijar cualquier objetivo, recuerda que la práctica requiere planificación (saber qué requiere la tarea para completarla y cómo desglosarla conceptualmente), auto-motivación (tenemos que querer alcanzar los objetivos que estamos fijando), habilidades de gestión del tiempo (presupuestar cuánto tiempo llevará alcanzar cada objetivo menor), flexibilidad (para ajustarnos a la complejidad), autorregulación (para asegurar un rendimiento efectivo a lo largo de toda la tarea), compromiso y concentración (para saber lo que se quiere y cómo conseguirlo).

También hay diferentes áreas relacionadas con la fijación de objetivos. Si sabes en qué área estás parado, estarás mejor equipado para establecer los objetivos correctos.

Los investigadores identifican dos tipos de objetivos de logro; objetivos de logro de dominio (centrados en el desarrollo de habilidades para lograr el objetivo) y objetivos de logro de rendimiento (centrados en la capacidad del individuo). Básicamente, el dominio se refiere al resultado, el rendimiento se refiere al ejecutante.

Los objetivos de dominio, tienden a inspirar a los trabajadores a completar la tarea. Se centran en las cualidades de la tarea, no en las del trabajador. Trabajan duro para mejorar sus habilidades, para dominarlas, y encausar la tarea, especialmente en tiempos de fracaso. Los objetivos de rendimiento, tienden a orientar a los individuos a probarse a sí mismos. Los resultados son a menudo personalizados y reflejan las cualidades del trabajador, no los resultados de la tarea.

Los objetivos de rendimiento pueden inspirar ansiedad y reducir el desempeño de las tareas, pero los objetivos de dominio pueden aumentar la participación a través de la mejora continua y la autoevaluación. Por lo tanto, los objetivos de dominio pueden tener una influencia más positiva en la motivación y eso influye en el logro de los objetivos.

Pero no todas las investigaciones están de acuerdo. Los resultados de un estudio muestran que los objetivos de dominio funcionaron bien para aquellos con baja orientación al logro, pero los objetivos de desempeño redujeron el interés de esos sujetos en la tarea, lo que llevó a un desempeño pobre. Por otro lado, los sujetos con alta orientación al logro, tuvieron reacciones positivas a sus objetivos de rendimiento.

Algunas investigaciones sugieren que los objetivos de rendimiento deberían subdividirse en dos enfoques: el *independiente* y el *orientado a la evasión*. Al fijar las metas, los individuos se ven impulsados por el deseo de éxito o el temor al fracaso.

Mientras dividimos una gran tarea (establecer objetivos) en otras más pequeñas, veamos tres útiles categorías de objetivos. Los objetivos temporales se clasifican en dos grupos más pequeños; objetivos a corto y largo plazo. Los objetivos de enfoque son los grandes, son los objetivos a largo plazo. Los objetivos temáticos son generalmente cosas que suceden junto con la tarea, pero como parte de ella. Pagar las cuentas o declarar los impuestos puede ser una de ellas, pero sería un objetivo a largo plazo como la compra de una casa.

Un buen ejercicio, como hemos discutido, pero vale la pena repetirlo, es establecer algunos objetivos a corto plazo y luego lograrlos. Eso inicia un ciclo saludable de éxito para motivarte a pasar a tareas más grandes y de la misma manera cumplirlas.

Luego comienzas a elaborar esa tarea. Haz una tarea en un día, luego establece tres para la semana, diez para el mes, y así sucesivamente. Se realista, pero desafíate a ti mismo. Valdrá la pena incluso si no haces las diez tareas en el mes. Habrás hecho cinco o siete, y eso es mucho. El viejo refrán dice: "Prefiero esforzarme por mucho y lograr la mitad, que no esforzarme por nada y lograrlo todo".

TUS INSPIRACIONES Y DESEOS MÁS PROFUNDOS TE DARÁN EL VERDADERO IMPULSO QUE NECESITAS

El deseo es una emoción poderosa y un motivador aún más poderoso. También es una tremenda fuerza para la creatividad. Por lo tanto, sólo tiene sentido sondear esos deseos para lograr nuestros objetivos.

El deseo y la energía que este genera tienen una enorme influencia en nuestras intenciones y en nuestras acciones. Pero el deseo puede estar tan cerca del miedo que se vuelven indistinguibles. A menudo cuando pensamos que nos estamos moviendo hacia lo que queremos (deseo), a menudo nos estamos alejando de algo que no queremos (miedo).

La motivación del miedo se centra en evitar las penalidades por el fracaso y puede conducir a sentimientos de compulsión o inhibición. La motivación del deseo se centra en las recompensas por el éxito, pero puede llevar a una baja autoeficacia y a sentimientos de impotencia.

Por lo tanto, conoce la diferencia entre lo que motiva tu establecimiento de metas, e inclínate hacia el deseo y aléjate del miedo.

ESTRATEGIAS PARA ESTABLECER METAS QUE FUNCIONAN COMO MAGIA

Hacer un plan es siempre una buena manera de conseguir los resultados. Como hemos visto, dilo o escríbelo y tenderá a tomar vida propia, a convertirse en tu propio factor de motivación. Algunos investigadores piensan que esto es una *intención de implementación*, y eso tiene algún sentido. Es su intención declarada la de implicar su plan para lograr su objetivo.

Pero esto se desglosa mejor en tareas específicas y más pequeñas. Intenta este ejercicio y escríbelo en una hoja de papel, rellenando los espacios en blanco según tus deseos o metas específicas:

Haré *[COMPORTAMIENTO]*en *[TIEMPO]* en
[LUGAR]. Algunos ejemplos son:
Me sentaré en silencio durante cinco minutos a las
6:30 a.m. en mi cama antes de levantarme.

> Estudiaré francés durante diez minutos a las 8 p.m. en
> mi habitación.
> Iré al gimnasio durante una hora a las 5 p.m. los lunes,
> miércoles y viernes.

Una vez que caigas en el hábito de hacer estas cosas regularmente, no parecerán tareas, sino una parte natural de tu rutina. Eventualmente, serán el tipo de hábitos que no podrás dejar, y que no querrás dejar.

Pero seamos honestos, no todo puede funcionar perfectamente; como hemos visto, es raro que todo funcione perfectamente. Así que, si te encuentras con un obstáculo y no puedes hacer habitual una de las actividades planeadas que has elegido, piensa en usar el enfoque *"si/entonces"*.

Haz una nueva lista, indicando el mismo objetivo que puede no haber funcionado antes. Luego agrega una función "si/entonces" a la oración:

> Si me siento en silencio durante cinco minutos a las
> 6:30 a.m. en mi cama antes de levantarme,
> entonces tendré un mejor día.
> Si estudio francés durante diez minutos a las 8 p.m. en
> mi habitación, lo pasaré mejor en mi viaje cuando
> finalmente me vaya.
> Si voy al gimnasio por una hora a las 5 p.m. los lunes,
> miércoles y viernes, entonces me veré muy bien en
> mi viaje a Francia.

Aquí hay otro recorrido por el principio de "si/entonces", también bastante práctico:

> Si no me siento en silencio durante cinco minutos a las
> 6:30 a.m. en mi cama antes de levantarme,
> entonces lo haré al principio de mi descanso para
> comer, precisamente a las 12:00 del mediodía.
> Si no estudio francés durante diez minutos a las 8 p.m.
> en mi habitación, lo haré en el coche cuando vaya
> al trabajo.
> Si no voy al gimnasio una hora a las 5 p.m. los lunes,
> miércoles y viernes, entonces iré dos horas el
> sábado y el domingo.

Este enfoque permite que la complejidad de las cosas no se inmiscuya en tus objetivos cuidadosamente planeados. Date un plan de respaldo y será mucho más probable que logres el objetivo y la tarea.

El enfoque *"si/entonces"* puede ser aplicado directamente al problema general de la procrastinación. A saber:

> Si estoy en mi computadora, entonces estoy trabajando
> en la tarea. De lo contrario, estoy en otro lugar.
> Si quiero procrastinar, entonces me recordaré a mí
> mismo lo bien que se sentirá al realizar la tarea y
> todo el bien que el cumplimiento de la meta a largo
> plazo haría por mí.

Un aspecto que se ha pasado por alto en la fijación de objetivos y que deberíamos tocar aquí se conoce como *"Detente"*. Mientras que nos hemos centrado en establecer nuestros objetivos y lograrlos, es importante recordar uno de los beneficios de pensar demasiado, y es la oportunidad de reevaluar. A veces un objetivo que parece bien elegido demuestra no ser la mejor opción. A veces un proyecto simplemente va en la dirección equivocada. En ese caso, el equipo puede necesitar recalibrar. Los objetivos pueden necesitar ser reconsiderados. Así que no tengas miedo de detener las cosas, retrocede y reconsidera.

Al establecer un objetivo, puedes considerar la creación de un mantra. Cualquier cosa lo suficientemente simple para repetir una y otra vez y que te ayude a mentalizarte funcionará: *"Puedo hacer esto, puedo hacer esto..."* o *"Todo está bien, todo está bien..."* Personalmente combato el miedo a conducir sobre puentes cantando una versión destrozada de una canción clásica de Pink Floyd: "All in all you're just another stretch of the road." ("eres sólo otro tramo de la carretera"). Verbalizar da poder, después de todo, y ayuda a concentrarte.

¡Aquí hay otro acrónimo útil para establecer metas y hacer tareas! EAVE significa Escribir, Actuar, Visualizar, Evaluar. Ya hemos tocado los tres, pero los acrónimos son una gran manera de recordar las cosas. Bastante inteligente, ¿verdad?

No olvides que el establecimiento de metas es algo que todos hacemos en cada parte de nuestras vidas; social, profesional, creativo, emotivo. Establecer objetivos puede ayudar a mejorar todo esto, cuando se usa de manera efectiva y no sólo eficiente.

8

AUMENTA TU NIVEL DE PRODUCTIVIDAD

CONCÉNTRATE EN LO QUE ERES BUENO, Y MEJORA EN ELLO

Todos hemos oído hablar de las multitareas, la práctica de hacer varias cosas a la vez. Lo hemos investigado aquí y hemos encontrado que es menos efectivo, en la mayoría de los casos. Es extraño, sin embargo, que el concepto original de una sola tarea ahora parece más una novedad que una norma. Nuestras vidas se han vuelto tan densas en información y tareas y la escasez de tiempo casi nos obliga a realizar varias tareas, creando tareas fallidas, menos autoeficacia, depresión, etc.

La tarea única te permite concentrarte, entrar en la zona para un rendimiento óptimo. La multitarea claramente impide eso, ya que es el resultado de un enfoque agudo y nadie puede enfocarse tan agudamente en tres cosas simultáneamente como puede hacerlo en una sola cosa a la vez.

Así que ahora tendremos que entrenarnos para volver a nuestro pasado reciente más simple y volver a entrenarnos para ser monotareistas. Esto puede ser un desafío, pero está dentro de tus posibilidades.

Primero, como hemos dicho, empieza con pequeñas tareas que puedas realizar razonablemente. Luego asegúrate de hacer sólo una de ellas, y ni siquiera consideres otra hasta que hayas terminado la primera. Luego procede a la siguiente tarea siguiendo la misma regla. La clave aquí es no dejar de lado una tarea, no comenzar otra o atender a cualquier evento externo.

No olvides dividir la tarea en objetivos razonables y más pequeños.

Con tu lista de tareas diarias, hazlas por separado y haz primero la tarea más importante. De esta manera, tendrás poco que temer el resto del día. Haz la siguiente tarea más difícil en segundo lugar, y el resto del día será cada vez más fácil.

Al igual que con otras técnicas, para las condiciones y correcciones relacionadas, trabaja en bloques de tiempo y programa los descansos. Y mantén un escritorio despejado para una mente despejada. Esto es particularmente importante cuando se reentrena para hacer una sola tarea, ya que las distracciones y complejidades se elevarán y desafiarán tu enfoque en esa sola tarea.

A pesar de toda la atención que hemos puesto en establecer objetivos y plazos realistas, cuando se trata de la reeducación para ser un trabajador de una sola tarea, puede ser mejor establecer plazos poco realistas. Peter Bergman de *Harvard Business Review* sugiere limitar el tiempo disponible para una sola tarea a un tercio de lo que se podría esperar normalmente. La idea es que el tiempo ejerza suficiente presión para forzar la finalización de la tarea, manteniendo al trabajador más concentrado. Esto puede hacer que los trabajadores sean más productivos y estén mucho menos estresados.

Si estás trabajando en un proyecto que requiere mucha investigación, utiliza algún tipo de marcador de posición en letras las mayúsculas (INVESTIGACIÓN, por ejemplo), y luego haz toda la investigación en un grupo, al final del día. Alternar entre la escritura y la investigación puede parecer dos partes de la misma tarea, pero se pierde mucho tiempo entrando y saliendo de la zona, recalibrando de un conjunto de habilidades a otro y volviendo. Y en realidad es sólo una multitarea de otro tipo, si realmente lo piensas.

Además, mientras realizas una investigación legítima en Internet para tu proyecto, puedes estar tentado de sucumbir a las distracciones del correo electrónico, los vídeos y otras cosas que inhiben tu productividad.

Ten en cuenta la satisfacción que disfrutas al cumplir una tarea. Cuando se trata de una sola tarea, la sensación llega antes y puede inspirarte a una mayor productividad. Y cuando estés haciendo esta única tarea, no sucumbas al perfeccionismo. Deja la tarea cuando esté terminada y pasa a la siguiente... después de un pequeño descanso, por supuesto.

Y una vez que te hayas propuesto convertirte en un trabajador de una sola tarea, considera limitar esa tarea para hacer lo que mejor sabes hacer.

Tiene sentido en muchos niveles. Todos queremos pasar nuestro tiempo haciendo lo que nos gusta, y esas son casi siempre las cosas en las que somos buenos. Todos los grandes empresarios, innovadores, artistas y atletas de la historia, hacían lo que mejor sabían hacer, después de todo. ¿No sería mejor el proyecto, la empresa, toda la sociedad si todos hiciéramos lo que nos gusta?

Puede ser, pero la vida no es así. Tenemos que hacer cosas que no nos gustan, cosas en las que no somos particularmente buenos; esa es una gran razón por la que procrastinamos. Por lo tanto, un buen modelo de negocio para luchar contra la procrastinación, sería encontrar la tarea en la que eres mejor, dominarla y hacerte realmente bueno en ella. Este es un viaje personal que cada uno de nosotros debe hacer por su cuenta, y pobre de aquellos que no lo hacen en absoluto.

Puede que quieras ser voluntario en el trabajo o fuera de él para darte tiempo y espacio para disfrutar de tus habilidades especiales. Esto ayudará a desarrollarlas y también a llamar la atención de los demás, aquellos que pueden permitirte usar esas habilidades en el centro de tu vida productiva. El voluntariado es bueno para la autoeficacia, la alta autoestima, la salud física y mental, la ampliación del círculo social, y también tiene una variedad de otros beneficios.

No tengas miedo de aceptar un cumplido. No hay que avergonzarse de ser bueno en algo, e incluso puedes aprender sobre una habilidad oculta que no sabías que tenías. La gente generalmente no nos ve de la misma manera que nos vemos a nosotros mismos, y los procrastinadores y los que piensan demasiado son notoriamente duros con ellos mismos.

La *Mentalidad De La Escasez* se describe como el miedo a eliminar los recursos propios y perderlo todo. Se manifiesta en una falta de autoeficacia, cuando se pueden albergar creencias autolimitantes y un discurso interno negativo. Por lo tanto, hay un impulso de acaparar debido a la falta de confianza en la capacidad de ganar. Es un fenómeno que se auto-perpetúa porque crea sobre trabajadores que ganan menos, y esto sólo refuerza la mentalidad de escasez.

Pero siempre se puede superar con sólo reconocerlo y cambiar de perspectiva. Deja de imaginar que lo peor está por venir, que el fracaso es seguro. Ninguno de los dos es cierto.

Es interesante (y un poco triste) notar que mucha gente simplemente no ha encontrado lo que su don o dones dados son, en lo que realmente son buenos. Mucha gente va de esfuerzo en esfuerzo, de escuela en escuela, de carrera en carrera, sin encontrar su nicho. Si ese eres tú, querrás tomar medidas concretas para encontrar esa cosa especial en la que sobresalgas.

Pregúntate: "¿Qué habilidades me han ayudado a prosperar?" ¿Eres del tipo que siempre tiene una ocurrencia graciosa, es ese tu mecanismo de defensa para evitar una variedad de situaciones incómodas? Bueno, hay un viejo dicho entre los cómicos: "Lo divertido es el dinero". Podrías ser más adecuado para una posición en la que la escritura sea central. ¿Eres una persona que avanza a toda costa, inmersa en la determinación de que nadie se interponga en tu camino? Puede que estés más capacitado para una carrera como socorrista que como bibliotecario.

Pregúntate: "¿Qué me hace sentir fuerte?" Si haces sonreír a un niño, una carrera en la enseñanza puede ser más adecuada que una carrera en la construcción. Si ayudar a los ancianos te da esa sensación especial, entonces sabrás dónde ser voluntario. Si tocar el violín siempre ha sido tu pasión secreta, ve a tocarlo al asilo local.

Puede que te preguntes, "¿Qué me hizo destacar de niño?" A menudo, perdemos el contacto con las cosas más especiales de nuestra infancia. ¿Eras un niño imaginativo? Tal vez ahí es donde están tus verdaderas habilidades.

Por supuesto, a menudo hay una gran diferencia entre lo que eres bueno y lo que te apasiona. Es genial si esas dos cosas se entrelazan, pero no siempre es así. Mi padre era un apasionado de la ópera, pero nunca pudo escribir o cantar en una. Mucha gente es fanática de los deportes, pero nunca han podido pensar en jugar profesionalmente. Por el contrario, una persona puede tener cierta habilidad en matemáticas, pero no ser apasionada por su trabajo como contador de nivel medio. O puedes tener pasión por algo en lo que eres bueno y luego perder la pasión por ello. Este tipo de agotamiento es común en profesores, trabajadores sociales y en el campo de la salud mental. Así que ten cuidado de saber en qué eres bueno, qué te apasiona, y que tareas te ayudarán realmente a progresar.

Puedes asumir que la respuesta es elegir lo que se te da bien en lugar de lo que te apasiona, pero eso no siempre es así (pocas cosas lo son). Es cierto, dicen que hay que apoyarse en los puntos fuertes, y eso tiene sentido. Haz lo que sabes. Tiene sentido, aunque también puede ser una mentalidad limitante, mantener a una persona en la misma posición, básicamente insatisfecha, durante años. No suena como una vida muy feliz, ¿verdad?

Por otro lado, puedes aprender nuevas habilidades de acuerdo con tus pasiones, después de todo. ¿Eres apasionado por la comida, pero no puedes abrir un restaurante? Aprende un poco sobre la escritura o la dirección de video y piensa en ser un crítico gastronómico. Puede que no sepas mucho sobre cómo capitanear un barco de motor, pero si anhelas vivir en un pequeño yate, puedes aprender esas cosas.

Tu habilidad secreta también podría estar asociada con tu entorno. ¿Creciste con algunas influencias culturales especiales que podrían afectar tu trabajo para mejor? ¿Creciste cazando caimanes en los pantanos? Podrías escribir un libro sobre la aplicación de las habilidades del cazador de caimanes a las del joven empresario moderno. O podrías prestar tu pasión por la naturaleza a causas ambientales, eso es una ganancia para todos (y todo).

Con este fin, recuerda que es mejor ser grande en una cosa que mediocre en varias. Una vez que encuentres la habilidad que te impulse hacia adelante, dedícate a ella y excluye las distracciones. La grandeza viene del dominio de una tarea, y dominio viene de una vida de diligencia y trabajo duro. El dominio es tu objetivo a largo plazo una vez que has encontrado tu habilidad especial, no la gratificación inmediata. Evita las trampas de la dilación y el exceso de pensamiento cuando tu habilidad especial está involucrada; no puedes permitirte el lujo de dejar pasar esa oportunidad.

POR QUÉ DECIR NO A LA GENTE Y A CIERTOS PROYECTOS PUEDE AYUDARTE A HACER MUCHO MÁS

Decir que *NO,* no es tan fácil como parece. De hecho, puede ser bastante difícil. En este mundo tan agradable para la gente, nadie quiere ofender a nadie más. Y como a la mayoría de la gente no le gusta oír la palabra, asumen que a otros no les gusta, y generalmente tienen razón. Decir *Sí*, es mucho más fácil.

Pero a veces hay que decir que no. Todo este libro trata de decir no, de hecho; no al pensamiento negativo y al autodiscurso negativo, no a estar encerrado indefenso en la parálisis del análisis, no a la vida insana. Pero esas cosas no son fáciles. Y sólo se hace más difícil a partir de ahí.

Decirle no a los demás significa arriesgarse al rechazo, al aislamiento, al fracaso. Para el perfeccionista, la palabra *no,* los golpea en el centro mismo de su ser, no es simplemente un rechazo del proyecto o tarea, sino un rechazo absoluto de todo lo que son, fueron o esperan ser. Es una lástima, pero no sólo no tiene que ser eso, sino que el *no,* puede ser algo muy positivo. Suena contradictorio, pero es cierto. ¡Veamos más de cerca cuándo y cómo decir no!

Si tienes que rechazar una oferta o sugerencia, hay maneras de hacer que sea más cómodo para todos los involucrados. Podrías amortiguarlo con amabilidad o un cumplido. Siempre empieza con algo bueno, como, *"Has trabajado mucho en esto, y admiro eso. Gracias".* O puedes intentar encontrar la única cosa buena con la que puedes empezar. *"Me gusta la forma en que has organizado estas tareas".* Luego pasa a tu sugerencia, corrección o rechazo.

Luego da tus razones para decir que no, si es necesario. Explícalo de una manera que desvíe la atención de la otra persona. En lugar de decir, *"No tienes razón",* considera decir, *"Vamos a tomar un camino diferente con esto".*

Se breve durante estos intercambios, pero no hay razón para apresurarte o ser brusco. Hay tiempo suficiente para asegurarte de que has dejado en claro tu punto con razón y amabilidad, pero no tanto como para que el tema se piense demasiado. No pospongas el final de la reunión.

También podrías pensar en reemplazar el *no* con el no ahora o todavía no. Eso deja la puerta abierta para más comunicaciones, mejores ideas que podrían ser perfectas para tu próximo proyecto. Recuerda, un *no* al proyecto no tiene que ser un *no* al trabajador.

También puedes ofrecer una alternativa. En lugar de un no, tal vez la noción te ha inspirado a mejorar la idea. Puedes animar a la persona a que investigue otros lugares aún no descubiertos y luego volver para otra reunión. Se plantea el problema y se da paso a una mejor respuesta. Ese es un ejemplo de cómo usar la procrastinación de una manera positiva, como hemos discutido.

Pero si tienes que decir que no, eso puede ser un verdadero trauma para algunas personas que apenas pueden atreverse a hacerlo. Para ellos, o quizás para ti, aquí hay algunos consejos y trucos para hacerlo más fácil.

Sé directo al respecto. No hay necesidad de andar con rodeos. Sólo di, *"No, no puedo"* o *"Eso no es para mí"*. Y no hay razón para posponerlo tampoco, es una procrastinación de la peor clase y sólo aumentará tu ansiedad. Enfréntalo el momento en que suceda.

Recuerda que no hay razón para disculparte o dar excusas. Debes evitarse el exceso de complacencia con la gente, para no depender demasiado de su aprobación. ¡Hemos visto los problemas que eso puede causar!

No mientas, tampoco. No hay necesidad de hacerlo, y sólo aumentará tu culpa. No sólo te echaste atrás en algo y decepcionaste a alguien, ¡también has mentido sobre ello! ¿Quién necesita toda esa ansiedad?

Si no dices que no ahora, puedes estar resentido por estar involucrado en una tarea no deseada más tarde. No dejes que ese tipo de comportamiento pasivo/agresivo arruine tu vida.

Sin embargo, no hay razón para no ser educado. Siempre puedes decir amistosamente: *"Gracias por preguntar"*.

Tal vez quieras practicar el decir *no*. Imagina que alguien te pide que hagas algo cuando estás solo, y di que *no*. Inténtalo con un amigo. Divide la gran tarea en tareas más pequeñas.

Sobre todo, ten en cuenta que tu autoestima no está relacionada con lo que puedas hacer por los demás, sino con lo que haces por ti mismo.

¿Qué pasa si alguien no acepta un no por respuesta? Se cortés pero asertivo y simplemente mantén tu posición. Establece límites y apégate a ellos. *No* todavía significa *no, después de todo. O puedes volverlo contra la otra persona. Si insisten, pregúntales por qué o explora otras opciones con ellos.

¿Quieres que te vuelvan loco? Si no puedes decir que no, recuerda que cada *no* es un *sí* a otra cosa. Rechazar un proyecto de trabajo puede significar decir *sí* a evitar un desastre, o *sí* a pasar más tiempo con la familia y los amigos. Así que, en realidad no estás diciendo que no en absoluto. No es una cuestión de rechazo, sino de selección.

CÓMO CREAR UNA LISTA DE TAREAS SIMPLES QUE HAGA QUE SER PRODUCTIVO SEA FÁCIL, EN LUGAR DE HACERTE SENTIR ANSIOSO

Las listas de tareas son una herramienta poderosa para la organización, la motivación y para abordar la postergación y el exceso de pensamiento, entre tantas otras conductas habitualmente negativas. Pero depender demasiado de ellas puede ser peligroso. A menudo las listas en sí mismas pueden volverse inmanejables.

Asegúrate de que cada acción de la lista sea lo suficientemente importante para garantizar tu atención. Haz las tareas de bajo valor y las tareas más agradables más tarde si lo necesitas. Empieza con una nueva lista para cada día y piensa en hacer una versión semanal también. Esto hará que las listas diarias sean más cortas y estén mejor organizadas.

Hay tres técnicas para crear una lista de tareas factibles.

Puedes empezar cada día eligiendo de una a tres tareas importantes en las que te concentrarás ese día y hacer de ellas tu mayor prioridad.

O, al final del día de trabajo, puedes seleccionar hasta seis tareas para el día siguiente, en el orden de mayor prioridad. Luego pon esa lista en acción al día siguiente, asegurándote de que todas se hagan.

O puedes elegir 13 tareas de diferentes prioridades; una de alta prioridad, tres de media y nueve de baja prioridad. Complétalas en orden de alta a baja prioridad.

En lugar de una lista de tareas, puedes hacer una lista de tareas posibles, para disminuir la presión y tener en cuenta las interrupciones y distracciones inesperadas. Algunos recomiendan tres columnas por lista; *hacer, haciendo, y hecho*. Este enfoque ayuda al trabajador a registrar el progreso, recompensa los pequeños logros y refuerza la autoeficacia.

Algunas personas recomiendan publicar su lista de tareas, lo cual sabemos que puede añadir motivación para hacer esa lista. Otros recomiendan dibujar la lista para incrustarla en tu cerebro y excitar su atención, aunque eso puede llevar mucho tiempo. Sin embargo, ¡siempre puedes ponerlo en tu lista de cosas por hacer!

Otros consejos para mejorar las listas de tareas incluyen hacerlas en colores para codificar la prioridad; rojo para importante, azul para bajo valor, y así sucesivamente. O puedes darle a cada tarea un nombre agradable; proyecto flores, proyecto cachorros. Puede quitarle mucho peso a la tarea, y ciertamente la hará menos intimidante. Las palabras tienen un significado.

Como sucede con todo hoy en día, hay aplicaciones y sitios web para ayudar con la administración de tu lista de tareas, incluyendo *Minimalist, Google Tasks, A Text File, Slack* y otros.

LA MULTITAREA PUEDE PARECER UN MOVIMIENTO SABIO AL PRINCIPIO, PERO NO SIEMPRE LO ES. CONTARLA LA FORMA EN QUE GASTAS TU ENERGÍA

Mientras que las listas de tareas tienen todo tipo de beneficios, algunos sugieren que representan una desviación del enfoque. Muchos profesionales sugieren que, en lugar de administrar el tiempo, se debería administrar la energía. Hay tiempo más que suficiente, sugieren, pero la energía es limitada y ese es el eslabón débil de la cadena.

Tienes 24 horas todos los días, después de todo, pero no tienes la misma energía todos los días. Como hemos discutido, tu nivel de energía está fuertemente influenciado por tus hábitos de sueño y alimentación, la falta de descansos razonables y el agotamiento, con quiénes estamos y en qué pensamos, cómo nos movemos o no y cuánto o qué tan poco, nuestras emociones, y nuestro propósito o la falta de él.

Los investigadores creen que tu propósito es la fuerza motriz de tu energía. Cuanto más grande sea tu propósito, más energía podrás reunir para él.

También es cierto que los hábitos pueden desperdiciar tiempo y energía o aumentar ambos. Navegar por Internet es un hábito que puede hacer perder tiempo y energía, pero dar un paseo no sólo aumentará la energía por todo tipo de razones biológicas, sino que el tiempo invertido en él aumentará la productividad una vez que se reanude el trabajo.

En España, una siesta de tres horas durante las horas más calurosas del día es una tradición, pero eso no funcionaría en los Estados Unidos de hoy, ni en casi ningún otro lugar. Hay mucho que hacer. Y dormir tres horas al día podría tener influencias adversas en el individuo de muchas maneras.

Pero hay componentes de la siesta que podrían ser bastante beneficiosos. Las siestas rápidas durante el día pueden ser refrescantes, después de todo, y revitalizan el cuerpo y el cerebro. Los descansos programados, que ya sabemos que son beneficiosos, deben ser considerados. Pero los descansos deben ser moderados, como todas las cosas. Demasiados descansos disminuyen la productividad y fomentan el ciclo de vergüenza y depresión y, en última instancia, la inactividad.

Recuerda también que la energía viene en diferentes tipos y puede ser desperdiciada o generada de diferentes maneras. La energía emocional está enraizada en el sentimiento más allá de la razón, la energía mental está enraizada en el sentimiento que está dentro de los límites de la razón y el intelecto, y la energía espiritual está enraizada en la creencia en la fuerza de alguna creencia trascendental. Si puedes reconocer qué tipo de energía te hace más fuerte, puedes priorizar los comportamientos que fomentan ese tipo de energía. Si la energía emocional te agota, puedes saber cómo evitar los desencadenantes de ese tipo de energía. Si la energía mental es tu fuerza, foméntala con la lectura y la escritura y aprendiendo nuevas habilidades. Si la energía espiritual es lo que te guía, pasa más tiempo en tu lugar de oración favorito.

Con todo lo que hemos discutido, no debería ser una sorpresa que la comida tenga una tremenda influencia en la energía de una persona. Los alimentos procesados, los que son azucarados, grasos o salados, no nutren el sistema, lo agotan con un laborioso proceso digestivo. Los alimentos orgánicos y los ricos en vitaminas, nutrientes y proteínas naturales alimentan el cuerpo con más energía. Si estás controlando los ingresos y el consumo de tu energía, la dieta es el primer lugar al que debes ir.

La cafeína es una famosa y a la vez impopular fuente de energía. Una taza de té verde puede contener hasta 25mg de cafeína, la misma cantidad de té negro hasta 42mg, mientras que una taza de café preparado puede contener hasta o más de 108mg.

Los estudios demuestran que el café ofrece un impulso más fuerte al principio, pero que inspira un choque más profundo más tarde, mientras que las menores cantidades de cafeína en el té ofrecen un impulso inicial menor pero un nivel de energía más sostenido.

Seis maneras de obtener más de la cafeína, y perder menos con ella, incluyen beber menos café o té, pero durante períodos de tiempo más largos. Considera la posibilidad de tomar descansos entre las tazas de café o té para obtener el mismo resultado. Bebe agua con el café para reducir la fiebre de la cafeína. Mantente alejado de esas bebidas energéticas, ya que están llenas de cafeína y es probable que produzcan una intensa descarga de energía y luego un fuerte y profundo choque, probablemente más temprano que tarde.

Come bien y no bebas cafeína con el estómago vacío. Eso es un poco controvertido porque muchas personas beben café primero por la mañana, antes de tener apetito o la oportunidad de comer cualquier alimento. Aun así, esto puede llevar a problemas digestivos y de ansiedad.

Ahora que hemos aprendido más sobre cómo establecer metas, ¡vamos a ver más de cerca el desarrollo de nuevas rutinas!

9

DESARROLLEMOS TUS NUEVAS RUTINAS

LO QUE DEBES SABER SOBRE LOS HÁBITOS

Bien, hemos visto varios aspectos de la procrastinación y el exceso de pensamiento, y algunas otras cosas también, la mayoría se centró en revertir estos comportamientos negativos establecidos. Y, como hemos visto, es más fácil adquirir un nuevo hábito que dejar uno viejo, así que, si estás tratando de corregir un viejo comportamiento, simplemente toma el hábito del comportamiento opuesto.

Pero los malos hábitos como el exceso de pensamiento y la procrastinación, tienen que ser bien entendidos antes de que puedan ser efectivamente manipulados y claramente nos enfocaremos en eso. Para entender mejor una cosa, tienes que llegar a sus raíces.

Todos los hábitos a menudo nacen de las tres Rs; recordatorio (es el disparador que toca los sentimientos que inspiran el comportamiento negativo), rutina (que es el comportamiento negativo en sí mismo), y recompensa (la emoción generada por el comportamiento). Una gran comida (desencadenante) puede hacer que quieras un cigarrillo, por lo que fumas uno (rutina) y disfrutas de ese subidón de nicotina (recompensa).

Es bastante fácil ver que puedes romper este ciclo en cualquier momento del mismo. Cambia tus factores desencadenantes y come sólo comidas ligeras. Algunas personas pican algo, o simplemente comen pequeños bocadillos durante el día y no tienen ninguna comida grande y tradicional. Algunos expertos creen que esta es una forma más saludable de comer. O podrías cambiar tu rutina masticando un chicle en lugar de fumar un cigarrillo, que es un sustituto común. Esto cambia la recompensa de un subidón de nicotina a un ligero subidón de azúcar, tal vez. Sigue siendo una recompensa, ¿verdad?

Identificar los desencadenantes puede ser útil. Toma nota de cuáles son los recordatorios, o desencadenantes, al anotar tus rutinas, o comportamientos. ¿Fumas más por la noche que por el día? Mira más de cerca el porqué. ¿Estás generalmente solo o hay otras personas involucradas? ¿Hay algo en particular que parece inspirar tu deseo de fumar? Encontrarás tus desencadenantes al acecho en una de estas preguntas. Eso te ayudará a erradicarlos y a cambiarlos o evitarlos.

Cuando cambies tus hábitos y desarrolles nuevas rutinas, ten en cuenta tu inspiración para ello, tu objetivo a largo plazo. Eso te dará motivación para llevar a cabo las muchas tareas pequeñas que serán necesarias para realizar la gran tarea.

¡Y puedes usar las mismas técnicas que ya has empezado a desarrollar! Consigue un amigo para que te apoye y sea una caja de resonancia que te permita verbalizar tus objetivos y darte los consejos que necesites. Sé consciente de lo que haces en todo momento, para no caer en viejos hábitos. Debes saber lo que estás haciendo y por qué. Reemplaza un hábito por el hábito opuesto.

ROMPE LOS HÁBITOS MALOS Y POCO SALUDABLES

¿Qué es lo que causa los malos hábitos en primer lugar? Conocer la causa te ayudará a descubrir la solución. Como solemos decir, la respuesta suele estar junto a la pregunta (o en este caso, la solución está junto al problema).

Un aspecto de la continuación de los malos hábitos es la llamada *laguna*. Piensa en la laguna como la justificación del comportamiento. Estar estresado, justifica la necesidad de un descanso para fumar. Estar aburrido a menudo justifica el comer en exceso.

Ahora que sabes lo que es una laguna, veamos las diferentes varie-dades de esta insidiosa parte del ciclo del mal hábito.

Primero, está la laguna de la *falsa elección*, donde siempre hay algo más que hacer, Es una laguna muy común. También está la laguna de la *licencia moral*, donde el buen comportamiento racionaliza la recompensa del mal comportamiento.

La *laguna del mañana* es la postergación encarnada, dejando para mañana lo que podría hacerse fácilmente hoy. La laguna de la *falta de control* es la táctica de la impotencia y la sumisión al mal comportamiento.

Puedes emplear la laguna de *planificación para fallar,* cuando asumes que lo que intentarás está condenado al fracaso y es indigno del esfuerzo. La laguna *esto no cuenta* proporciona excusas convenientes como la enfermedad o las vacaciones para evitar la tarea.

La laguna de *la otra cara de la moneda* nos asegura que siempre hay otra oportunidad, otro día.

También está la laguna de la *suposición cuestionable,* que es cuando dudas de la razón para actuar; la laguna de la *preocupación por los demás* pone la culpa en las posibles reacciones adversas de los demás o el daño a los mismos. La laguna de la *falsa auto-realización* puede convencerte de que no hay tiempo para trabajar en objetivos a largo plazo, que debes vivir sólo en el momento. Esto, por supuesto, es una bastardización de la noción budista de abandonar la vida en el pasado o el futuro y abrazar el momento. La diferencia está en el fundamento de la creencia. Para algunos, es la sabiduría. Para otros, es una excusa. Si un monje budista te dice esto, piénsalo un poco. Si la persona no sabe nada de budismo o meditación y simplemente repite la línea, es sólo una excusa.

También hay un aspecto biológico en los malos hábitos.

En el sistema límbico, las partes emocionales del cerebro humano se aferran a los hábitos, ya que están automatizados y son más fáciles de realizar. Mientras que el córtex prefrontal controla las actividades más disciplinadas. Así que, mira al sistema límbico como la raíz de tu postergación. Los expertos consideran que el límbico es la parte más antigua del cerebro y la corteza prefrontal la más nueva. Por supuesto, todas las partes de un mismo cerebro tienen la misma edad. Pero las partes emocionales evolucionaron primero como una cuestión de hecho evolutiva. La emoción aseguró la supervivencia y, lentamente, la razón y la disciplina comenzaron a evolucionar en base al núcleo emocional que ya estaba allí. Piensa en el descubrimiento del fuego, la domesticación de animales, el cambio de estilo de vida prehistórico del al establecimiento de comunidades fijas, o clanes. Fuimos emocionales primero, y todavía tendemos a priorizar las emociones, porque esa parte del cerebro se ha estado desarrollando durante un largo período de tiempo.

El estrés y el aburrimiento son la raíz de muchos malos hábitos. Buscamos una diversión para contrarrestar las partes difíciles o tediosas de nuestras vidas, y estas son cruciales en el ciclo de procrastinación y exceso de pensamiento. Así que, aunque es difícil evitar estos desencadenantes, siempre puedes cambiar tu rutina. Si las distracciones son un respiro común para el aburrimiento, da un paseo en su lugar. Tiene muchos más beneficios para la salud y la mente, que ver videos en YouTube de gatos bailando. Por el contrario, ya hemos visto el detrimento de pasar demasiado tiempo en un lugar. Si no estás trabajando, ¿por qué usar tu oficina de trabajo para divertirte? Cambia tu entorno, una práctica que ya deberías reconocer como increíblemente impactante en cualquier estado de ánimo.

Otra técnica muy utilizada es la visualización. Imagínate que no tienes que salir corriendo a buscar cigarrillos a primera hora de la mañana. Visualízate en el calor del hogar con tu familia y amigos, mientras otros están en el frío, fumando sus cigarrillos en aislamiento.

Y no lo personalices. Tú no eres tus hábitos; siempre puedes mejorar.

Hay algunos pasos y ejercicios concretos que te ayudarán a romper casi cualquier hábito malo o insalubre.

Podrías considerar dejarte notas Post-it, para recordarte que debes frenar una cierta rutina. Si tu objetivo a largo plazo es ir a París, pero antes quieres perder 20 libras, escribe *París* en un Post-it y pégalo en la puerta de la nevera.

Tal como usamos *si/luego* para moderar y modificar nuestros objetivos, intenta *pero* aquí. Puedes fumar, *pero* vas a dejar de fumar. No aceptes que ser un fumador es parte de lo que eres, como tu altura o el color de tu piel.

Hemos visto el valor del control del tiempo, y eso también tiene valor aquí. Cuando sientas el recordatorio, o el detonante, o cuando te permitas la rutina, o el comportamiento indeseado, escríbelo. Se detallado, no vago. Anota la hora exacta, el lugar, con quién estás, qué está pasando. Luego examina tu registro y anota los patrones. Los desencadenantes saldrán a la superficie al aparecer más comúnmente en tu registro.

EL PODER DE LOS HÁBITOS SALUDABLES TE AYUDARÁ A DOMINAR TU EXCESO DE PENSAMIENTO Y LA PROCRASTINACIÓN

Hemos hablado de reemplazar un hábito por su opuesto. ¿Y qué es lo opuesto a los malos hábitos? Buenos hábitos, por supuesto, hábitos saludables en lugar de hábitos no saludables. Algunos de esos hábitos no saludables incluyen beber muy poca agua, comer muy tarde en la noche, hacer muy poco ejercicio y/o dormir muy poco. Comer demasiado sodio es otro hábito poco saludable, como lo es comer alimentos procesados. Muchas veces, los llamados alimentos *libres de grasas* son peores que los alimentos naturales con grasas naturales.

Almorzar en tu escritorio y usar demasiado aceite en tus comidas son hábitos poco saludables. Saltarse el postre es también menos saludable de lo que parece, y mantener una cocina sucia tiene muchos riesgos ocultos para la salud.

Y todos estos hábitos son fáciles de corregir. Mantén tus mostradores limpios, come un trozo de pastel, mantente alejado de cualquier alimento que venga en una caja de colores o en un envoltorio de plástico. No comas después de las ocho de la tarde. Si puedes hacer esas pocas cosas, puedes contrarrestar una serie de hábitos poco saludables.

Puede que no hayas oído hablar de la *regla de los dos minutos*, esta nos dice que cualquier nuevo hábito sólo debería tardar unos dos minutos en hacerse. Este enfoque básicamente descompone cualquier tarea en su primer y más simple paso. La lectura nocturna se convierte en la lectura de una sola página. Treinta minutos de yoga se convierten en simplemente sacar la esterilla de yoga. El hábito de estudiar para la clase se convierte en simplemente abrir los libros y dejarlos abiertos. Correr tres millas se convierte en un paseo alrededor de la manzana.

Es otra forma de dividir la gran tarea en tareas más pequeñas y manejables con objetivos concretos, cuyas recompensas impulsan un mayor rendimiento. Naturalmente, esta es una técnica de paso. Detenerse a dos minutos de cualquier cosa no te llevará muy lejos.

Esta técnica de micro-hábitos es popular entre muchos expertos, que también afirman que hay hábitos que la mayoría de las personas de éxito comparten. Estos son los hábitos saludables que puedes adoptar para contrarrestar los hábitos negativos.

Practica tu pasión, haz lo que te gusta, aunque no lo hagas profesionalmente y hazlo con pasión. Lee y haz ejercicio para mantener tu mente y tu cuerpo fuertes y limpios. Ahorra dinero. Ten un mentor y sé un mentor. Ten en cuenta las relaciones y el cuidado personal. Trabaja incluso cuando no estés inspirado y calla el llamado *cerebro de mono*, que esa parte que se distrae tan fácilmente. Hazlo usando un mantra. Dona tiempo y dinero para inspirar la sensación de autoeficacia. Hemos tocado todos estos temas en este libro, y es notable remarcar que los grandes éxitos corporativos del mundo los emplean. ¡Y tú también puedes hacerlo!

Aquí hay otra forma útil de romper viejos hábitos negativos y adquirir nuevos hábitos saludables que se mantendrán. Primero, hacer que el viejo hábito se vuelva invisible, eliminar todas las pistas. Luego hazlo poco atractivo, recuerda todos los aspectos negativos. Haz que parezca difícil, físicamente inconveniente. Hazlo insatisfactorio, visualiza los resultados negativos y las consecuencias desagradables inmediatas.

Para hacer que los buenos hábitos se mantengan, haz básicamente lo contrario. Haz que el hábito saludable sea obvio en lugar de invisible. Hazlo atractivo visualizando los beneficios del hábito saludable. Hazlo fácil en vez de difícil, hazlo conveniente. Luego haz que parezca satisfactorio visualizando todos los beneficios y resultados positivos y las recompensas placenteras inmediatas.

Mascar chicle en vez de fumar cigarrillos y verás lo fácil que es. Adelante, esperaré.

¿Ves? Y funciona siempre, como la mayoría de estas técnicas.

LA MEDITACIÓN DIARIA Y LA ATENCIÓN PLENA PUEDEN REVOLUCIONAR TU FELICIDAD

La meditación diaria y la atención plena (*Mindfulness*), son técnicas poderosas para crear hábitos saludables y ambas son hábitos muy saludables en sí mismos. La meditación puede ayudarte a entender mejor tu dolor mental y físico, a conectarte mejor contigo mismo y con los demás, a reducir el estrés, mejorar la concentración, y a reducir el discurso interno negativo y el cerebro de mono que se distrae fácilmente.

Los beneficios para la salud asociados con la meditación incluyen: disminución de la presión arterial, mejora de la circulación sanguínea, un ritmo cardíaco más bajo y una frecuencia respiratoria más lenta, reducción de la ansiedad, el estrés y la transpiración, disminución de los niveles de cortisol en la sangre, una mayor sensación de bienestar y una relajación más profunda.

La meditación tiene grandes efectos calmantes. Las investigaciones han demostrado que la actividad del cerebro disminuye realmente durante la meditación. La meditación también te ayuda a recargarte para tener más energía a lo largo del día.

La meditación aumenta el flujo sanguíneo en el cerebro y puede tener efectos neurológicos positivos. También puede reducir la necesidad de dormir. La meditación puede retrasar el envejecimiento del cerebro y mejorar el control muscular, las emociones y los sentidos de la vista, el oído y la capacidad del habla.

La meditación ayuda a lograr la relajación. Eso, a su vez, te ayuda a hacer más cosas y derrota la procrastinación. Se ha demostrado que la medicación aumenta las puntuaciones de los exámenes de los estudiantes hasta un once por ciento.

Existen varios libros en los estantes de las librerías locales sobre ello, o en Amazon, pero echemos un vistazo a estas prácticas en relación con los malos hábitos, el establecimiento de objetivos, la postergación, y sobre todo el exceso de pensamiento.

Hay una variedad de estilos de meditación, cada uno con sus propios beneficios.

Pero primero, ¿cómo aprendes a meditar? En la meditación de atención plena, aprendemos a prestar atención a la respiración cuando entra y sale y a notar cuando la mente se aleja de esta tarea. Prestar atención a la respiración, refuerza tu habilidad para estar atento y permanecer enfocado.

La meditación puede proporcionar espacio en tu mente y en tu vida, y eso es lo que más necesita el sobrepensador. Todo lo que necesitas para empezar es un lugar cómodo para sentarte, algo de paciencia y algo de autocompasión (a veces la parte más difícil).

¡Pero prepárate! Meditar puede darte sueño, y puede ser difícil encontrar el tiempo. Sin embargo, ¡vale la pena!

Prestar atención a tu respiración te enseña a volver y permanecer en el momento presente, abandonando el pasado y el futuro. Eso es lo que más necesita el sobrepensador.

En la meditación consciente, prestas atención a cada respiración y te concentras sólo en eso. Inhala y exhala, la conexión natural de dentro y fuera. Mantente enfocado en ello mientras lo haces, no dejes que tu mente divague. Fíjate en el simple, natural y nutritivo acto de respirar.

¿Cómo aprendes a meditar? En la meditación de la atención plena, aprendemos a prestar atención a la respiración cuando entra y sale, y a notar cuando la mente se aleja de esta tarea. Esta práctica de volver a la respiración construye los músculos de la atención y la atención plena.

Es así de simple, pero requiere práctica. Cuanto más lo hagas, mejor serás y mejores serán los resultados.

Para practicar esta poderosa técnica, primero siéntate y ponte cómodo. Prepárate para estar sentado y quieto durante los próximos minutos. Establece un límite de tiempo, especialmente cuando empiezas. Como todas las cosas, divide la gran tarea en tareas más pequeñas y manejables.

Ahora concéntrate en tu respiración. ¿Adónde va el aire? ¿Está llenando tus pulmones o sólo tu nariz? ¿Respira con regularidad? Haz esto durante unos dos minutos, luego inhala y exhala profunda y lentamente.

Repite este ciclo tanto como puedas, y notarás los increíbles beneficios. También puedes variar el ciclo, usando un punto focal fijo para
enfocarte en vez de respirar.

Mindfulness es una palabra que hemos estado usando mucho, y
merece una mirada más cercana. La atención plena es la conciencia del
comportamiento que a menudo pasamos por alto. Bañarse, comer,
conducir, interactuar socialmente, incluso trabajar, se convierten en
un conjunto de comportamientos automatizados en los que no pensamos. La respiración es una de ellas; es automática, no tienes que
concentrarte en ella para que ocurra.

Pero la falta de atención crea trabajo descuidado, malos hábitos de
salud, conducción descuidada o imprudente, relaciones fallidas,
porque simplemente no pensamos en lo que estamos haciendo.
Estamos repitiendo las mismas cosas que hemos hecho durante años, y
más o menos de la misma manera.

¡Las formas de ser consciente son fáciles de aplicar! Practica la atención plena durante las actividades rutinarias como barrer o cocinar.
Practicar la atención plena a primera hora de la mañana para empezar
el día de forma consciente es muy bueno. Pero no restrinjas a tu
mente de vagar, eso es parte del ejercicio. Te convertirás en un
experto en volver a ponerte en el centro de la atención.

Pero que sea breve. No quieres estirarte demasiado con este ejercicio y
estar atento a cada pequeña cosa. Una cosa al día para empezar. Practica la atención plena mientras esperas; las largas colas y en el tráfico,
son buenos momentos para reenfocar. Tal vez quieras elegir un lugar

o un momento, como el descanso para el café, para practicar la atención plena.

Por lo tanto, se necesita una decisión deliberada para ser consciente de estas cosas, de todas las cosas si es posible. La meditación usa la atención plena para guiar el enfoque. La atención de algo tan básico y automático como la respiración es la forma perfecta de agudizar la habilidad de estar atento, fortaleciendo el músculo de la atención, que luego podemos usar para un mayor efecto en otros aspectos de nuestras vidas.

La meditación de exploración corporal es una técnica simple y poderosa también, que puede ser combinada con cualquier tipo de meditación plena. Sólo siéntate donde estés cómodo y siéntate en silencio. En lugar de concentrarte en tu respiración, o en un solo punto focal, te concentrarás en tu cuerpo. Comienza con tus pies y sólo siéntelos (no con tus manos). Siente la sangre que corre por ellos, los huesos, los tendones y músculos. Ahora lleva la atención hacia arriba a través de tus piernas, observando su estado, sintiéndolas como una parte de tu cuerpo. Sigue hacia arriba a través de cada parte de tu cuerpo hasta la parte superior de tu cabeza Es una forma de reconectarte contigo mismo, de sentirte más cómodo en tu propia piel.

La meditación mientras caminas es otra forma de fortalecer la atención. No tienes que estar sentado. Puedes concentrarte en contar tus pasos, hasta 10 y luego de vuelta. Lo importante es fijarte en algo simple, para despejar tu mente y no desordenarla. Y dados todos los beneficios de caminar para tu salud mental y física, esta es una técnica beneficiosa en varios sentidos. Sin embargo, ¡mira por dónde caminas!

La meditación de la bondad amorosa, tiene sus propios desafíos para los perfeccionistas y los que poseen un diálogo interno negativo, ya que se basa en la autocompasión, difícil de lograr para algunos. La meditación de la bondad amorosa se centra en la positividad de la persona que medita. Celebra el buen corazón, la apertura de mente y el perdón.

Intenta usar un mantra para practicar la bondad amorosa, como por ejemplo: "Viviré con seguridad", "Tendré paz y alegría", "Viviré con sencillez", "Tendré felicidad física (o salud, o libertad del dolor, dependiendo de tus necesidades)".

La meditación espiritual, permite centrarse, no en el cuerpo o la respiración o en un punto focal fijo, sino en Dios o en cualquiera que sea la fuente de fe espiritual del mediador. El objetivo es estar más cerca de uno mismo, estando más cerca de Dios. A menudo se utilizan aceites e inciensos potentes, como el incienso y la mirra, la salvia y el cedro, el sándalo y el palo santo.

La meditación enfocada, se centra en otras cosas; contar cuentas, una canción. La meditación mantra, utiliza un simple monótono para centrarse, como el famoso, "Oooommmmmmmm ..."

La meditación trascendental, es quizás la más conocida. Se basa en la meditación de mantras, pero incluye mantras más sofisticados específicos para el lector.

En la meditación de Visualización, el meditador se imagina a sí mismo en ese lugar donde se alcanza la meta, visualiza cómo se verá eso, se enfoca en eso.

Puede que tengas preguntas sobre la meditación. Si las tienes, ciertamente no estás solo. Aquí hay algunas preguntas comunes sobre la meditación y, por supuesto, sus respuestas.

P) ¿Qué pasa si tengo una picazón?

R) Resístete si puedes, intenta rascarte con la mente. Si no, ráscate. Estás tratando de concentrarte en otras cosas, y la picazón es una distracción terrible y fácil de tratar.

P) ¿Mi respiración debe ser lenta, rápida o regular?

R) Sólo relájate y respira. Lo más probable es que encuentres una frecuencia respiratoria natural. Si respiras demasiado rápido, ¡puedes desmayarte!

P) ¿Debo cerrar los ojos?

R) Si quieres, ¡pero no te facilitará el uso de un punto focal! Podría hacer que la terapia de caminar fuera absolutamente peligrosa. Mucha gente cierra los ojos durante la meditación consciente, sí. Si lo haces, tómalo con calma. No hay razón para cerrarlos con pinzas. Hazlo naturalmente.

P) ¿Quizás no pueda hacer esto?

R) Todo el mundo piensa eso, y eso no los detiene. No debería detenerte a ti. Puedes hacer esto, pero se necesita práctica. Recuerda que nada que valga la pena hacer es fácil.

P) ¿Debo meditar solo o en grupo?

R) Cualquiera de las dos, dependiendo de tu preferencia. ¡Considera ambos!

P) ¿Hay un momento óptimo del día para meditar?
R) En realidad no, siempre y cuando sea conveniente, ¡pero mañana no cuenta!

P) ¿Qué debo hacer si me exalto?
R) Acepta que tu mente vagará y simplemente regresa a tu punto de enfoque. No te preocupes.

P) ¿Puedo involucrar a mi mascota?
R) Mientras no interactúes con tu mascota, está bien que se siente en silencio contigo.

P) ¿Durante cuánto tiempo debo meditar?
R) Se trata más de la regularidad que de la duración. Siempre y cuando lo hagas todos los días, puede ser por tan sólo cinco minutos. Hazlo conveniente y atractivo.

P) ¿Qué debo usar?
R) Algo cómodo.

NO TE CONVIERTAS EN UN ESCLAVO DE LA TECNOLOGÍA, DEBERÍAS SER EL AMO DE ELLA

Realmente, la información está en el corazón de la era tecnológica. Pero alguna información es útil, otra simplemente entretenida. Generalmente, cuanto más entretenida sea cierta información, menos útil será.

De cualquier manera, la tecnología está en todas partes en nuestro mundo moderno, y es una de las fuentes más potentes de distracción y de desorden cerebral que podría haber, fomentando el cerebro de mono y desencadenando todo tipo de comportamientos. Pero necesitamos nuestros teléfonos, ordenadores e Internet para sobrevivir. Banco, trabajo a distancia, conectarnos con la familia y los amigos, la tecnología está en el corazón de nuestras vidas y no es probable que eso cambie pronto.

Hay muchos beneficios al reducir el tiempo de tecnología. Los estudios muestran que la luz de las computadoras puede ser dañina para los ojos, la postura puede ser afectada negativamente. Mirar fijamente el teléfono impide que interactúes plenamente con los demás, lo que hace que se pierdan oportunidades. El tiempo que pasas jugando a juegos de aplicaciones en un teléfono inteligente puede ser mejor que lo dediques a soñar despierto o a meditar o a plantearte nuevos objetivos a establecer y tareas a cumplir. Se fomenta la descortesía cuando una persona se reúne con otra y luego pasa todo el tiempo en el teléfono con otra persona. Eso siempre se ha considerado descortés, incluso en la época de los teléfonos fijos. Y en Internet abunda todo tipo de información errónea y gente peligrosa que podría fácilmente victimizar al incauto internauta.

Entonces, ¿cómo puedes evitar convertirte en un esclavo de toda esta tecnología?

Con sitios de streaming como Netflix, el llamado *"atracón de series"* se ha convertido en una tendencia. Pero eso no significa que tengas que sentarte frente al televisor o al ordenador. Limpiar, cocinar, coser, lavar la ropa, hacer ejercicio; hay todo tipo de tareas útiles que se pueden hacer en vez de mirar series tontas.

Si te sientes abrumado por demasiada información, vuelve a nuestros consejos y trucos establecidos. Escribe todo lo que ves y categorízalo, clasificándolo por calidad en una escala del uno al diez. Luego elimina el 20% más bajo. O, si eso es demasiado drástico, elige tres cosas del 20% inferior y reemplázalas temporalmente por otra cosa. Siempre puedes volver a cambiar.

Di que no a tres cosas esta semana, no importa cuáles sean. Siempre y cuando elimines estas distracciones tecnológicas para esta semana y veas cómo te sientes al respecto la próxima semana. Incluye todo esto en tu registro o haz uno nuevo sólo para este experimento.

Algunas personas aprenden mejor visualmente, otras lo hacen escuchando cosas. Debes saber qué tipo de persona eres y enfatiza esto tu tiempo de tecnología. Las personas más visuales pueden preferir leer un libro, los que están más orientados al audio pueden pasar más tiempo con un audiolibro.

Reduce la cantidad de tu tiempo de tecnología. Registra tu tiempo en el teléfono, la computadora, el iPod y la tableta, y reduce todo en un 10%. Es una forma sencilla de reducir el uso y la dependencia de la alta tecnología. Puedes pasar ese tiempo meditando, caminando, visitando a tus amigos, o disfrutando de una comida sana y nutritiva.

Algunos investigadores, individuos y familias han adoptado un nuevo protocolo para lidiar con la intrusión de la alta tecnología en sus vidas, la nueva etiqueta de la era digital:

Nada de teléfonos durante las comidas, reuniones sociales o al conducir. Nada de alta tecnología para niños menores de cierta edad. Nada de teléfonos como reproductores de música; usar un mp3 u otro reproductor de música dedicado exclusivamente a ello. Nada de alta tecnología en el dormitorio, o límites de tiempo estrictos. Quitar las notificaciones y tonos de llamadas telefónicas. Nada de relojes inteligentes a menos que sea para fines de salud. Quita las notificaciones de aplicaciones telefónicas. Ten dos computadoras, una para el trabajo y otra para jugar. Mantén el ordenador de juego fuera de la vista hasta que sea apropiado.

Ahora que tenemos un mejor control sobre la gestión de nuestra energía y nuestra tecnología, vamos a examinar más de cerca no sólo la gestión del tiempo, sino también su uso inteligente... ¡esperemos que sin demasiada alta tecnología!

EL MANEJO DEL TIEMPO ES LA RESPUESTA A LA MAYORÍA DE TUS PROBLEMAS

La gestión del tiempo es el núcleo de lo que sufren y tratan de superar los procrastinadores y los que piensan demasiado. Si bien es cierto que la energía es importante para administrarla por sí misma, la administración del tiempo sigue siendo esencial. Y los consejos y trucos para ayudar a ser un mejor administrador del tiempo son los mismos que los que vimos anteriormente. Es asombroso cómo este conjunto de habilidades relativamente simple puede ser aplicado a tantos niveles de los mismos desafíos, y a diferentes desafíos en conjunto.

El manejo del tiempo tiene beneficios asombrosos. Obtendrás mejores resultados, más rápido. Serás más productivo. Perderás menos tiempo y evitarás complicaciones y conflictos. Una mejor gestión del tiempo ayuda a despejar la pizarra para el tiempo libre, lo que es bueno para una vida equilibrada. Eso dará tranquilidad y te da más oportunidades de evitar el estrés. En trabajo, no perderás plazos o llegarás tarde a las citas, tu enfocarás y evitarás el estrés. Evitarás el castigo por el fracaso y disfrutarás de mayores recompensas por tu éxito.

La gestión del tiempo fomenta la paciencia, la concentración, la capacidad de organización, la toma de decisiones, la elaboración de planes, la motivación, la fijación de objetivos y la conciencia de ti mismo.

Así que, a medida que nos acercamos a otros desafíos, vemos la gestión del tiempo como algo que puede ser manejado en pasos reconocibles. Comienza con una planificación eficaz y le continúa con el establecimiento de las metas y objetivos correctos. Establece plazos razonables y delegación de responsabilidades (en un entorno de equipo) antes de priorizar las tareas en orden de importancia y luego asignar la cantidad adecuada de tiempo a esa actividad.

En general, utiliza lo que has aprendido para ser un mejor administrador del tiempo. Haz listas y registros de tiempo, prioriza las tareas, establece los objetivos correctos y así sucesivamente. Se selectivo y abandona el perfeccionismo. Concéntrate en la tarea, no en ti mismo.

¿Pero qué pasa si eres un trabajador por turnos o tienes algún otro trabajo que hace que la gestión del tiempo sea aún más difícil? Echemos un vistazo.

Puede que no hayas oído hablar de la regla 80/20. Sostiene que el 20% de nuestros esfuerzos terminan resultando en el 80% de nuestros resultados.

APRENDE A PRIORIZAR LO QUE HARÁS A CONTINUACIÓN

Priorizar es una gran parte de hacer las cosas, como ya hemos visto. Por lo tanto, vamos a ver más de cerca cómo priorizar mejor nuestras tareas. Recordarás la matriz que usamos sobre la prioridad, que hay tareas urgentes y tareas importantes. Las tareas importantes están más estrechamente asociadas con los objetivos a largo plazo, y las tareas urgentes son más a corto plazo. Algunas son importantes, pero no urgentes, otras urgentes, pero no importantes. Usar la matriz ayuda a priorizar las tareas, como hemos visto. Es sólo otro ejemplo de cómo estos principios funcionan en general. Domínalos, y podrás aplicarlos en todos los niveles de tu vida.

Hemos estado hablando de descomponer las cosas en partes más pequeñas, y (con suerte) ha funcionado. Pero hay otra forma de verlo, especialmente si estás priorizando. Tal vez quieras reunir tus listas de tareas más pequeñas en una gran lista maestra de tareas. Esto te ayudará a verlas todas en un solo contexto y podrás priorizar cada lista. De eso se trata la priorización, ¿verdad?

Hay un giro divertido de la frase, *"cómete la rana".* Atribuido a Mark Twain, que dijo algo así como, "Si tu trabajo es comerte una rana, es mejor hacerlo a primera hora de la mañana". Es una hermosa ilustración de la priorización. Hacer primero el trabajo más grande y desagradable, hará que todo lo demás parezca tan fácil como comerte un pastel... ¡que es mucho más sabroso que la rana!

Algunas personas priorizan por notación alfabética. El llamado método ABCDE clasifica las tareas en ese orden de prioridad. Puede funcionar para ti.

Ahora pasemos a la tercera sección de este libro y continuemos mirando hacia afuera, en lugar de hacia adentro. Nuestro siguiente tema, ¡tu compañero de apoyo!

III

IMPLEMENTACIÓN

10

ENCONTRAR UN SOCIO DE RESPONSABILIDAD PODRÍA AUMENTAR TU ÉXITO

POR QUÉ UN SOCIO DE RESPONSABILIDAD PUEDE REALIZAR EL CAMBIO QUE ESPERAS TENER EN TU VIDA

Ya hemos visto los muchos beneficios de tener un compañero de apoyo. Pueden proporcionar consejo y compasión, una caja de resonancia y una unión de compromiso. Pueden dar buenos consejos, ayudar a razonar las malas ideas, establecer objetivos, cambiar la autoeficacia. Un compañero de apoyo o de responsabilidad es un valor inestimable.

Piensa en todos los emparejamientos institucionales exitosos de la historia; cualquier presidente de EE.UU. y su vicepresidente, cualquier golfista y su caddie, cualquier boxeador y su entrenador, cualquier superhéroe y su compañero. Los buzos bajan usando el sistema de compañeros. Y lo más increíble de todo, ¡la gente sigue casándose! El sistema de compañeros funciona, pero... ¿por qué?

Evitan las demoras e instan a su compañero a seguir por el buen camino. Una vez que se aprende ese comportamiento, inevitablemente se afianza. Los compañeros de apoyo te mantienen motivado y te ayudan a asegurarte para que alcances tus metas. Ofrecen una perspectiva diferente, más iluminada, y pueden influir positivamente en la fijación de metas y otros pasos cruciales. Y, como socios de responsabilidad, te hacen responsable si flaqueas y cumples con tus plazos. Muchas personas necesitan ese apoyo, y deberían tenerlo... ¡y pueden conseguirlo!

LA FASE DE ELECCIÓN, LAS CUALIDADES QUE DEBES BUSCAR EN UN SOCIO DE RESPONSABILIDAD

¿Cuál es la mejor manera de encontrar o elegir un socio de responsabilidad? Puede que no sea tan fácil como parece. Algunos en su línea de trabajo, pueden ser demasiado competitivos, o temen revelar sus secretos. Otros pueden estar demasiado ocupados o simplemente ser demasiado egoístas. Algunos tampoco están hechos para ser mentores.

En primer lugar, asegúrate de elegir a tu compañero de responsabilidad en función de tus objetivos. Si quieres tener éxito en la publicidad, busca a alguien que conozca el campo. Un sacerdote católico puede no ser la mejor opción. Si estás formando un equipo corporativo, puedes buscar un entrenador de fútbol de la escuela secundaria, o alguien capacitado en la formación de equipos que pueda aportar una nueva y competitiva voz a tus esfuerzos.

Una vez que sepas lo que buscas y quién puede ser el mejor para ayudar, pregunta a tus amigos si conocen a alguien que pueda estar interesado en ayudar. A los entrenadores les encanta entrenar; a los profesores les encanta enseñar. Considera la posibilidad de contratar a un profesor de tu universidad local que se especialice en el campo que estás buscando.

Unirte a las clases es una gran manera de encontrar un compañero de responsabilidad. El gimnasio también es una buena manera de hacer voluntariado en cualquier número de lugares que estén ansiosos por un poco de ayuda extra. Allí encontrarás gente lista y dispuesta a compartir su tiempo e influencia, igual que tú. Si trabajaras en un banco de alimentos y algún joven te pidiera apoyo, lo darías, ¿verdad? Sí, claro.

Y en estos días, puedes encontrar el apoyo que necesitas en línea. Lo que sea que estés haciendo o cualquier tema que tu proyecto pueda tocar, hay un grupo de Facebook o un foro en línea sobre ello. Es un recurso inestimable para encontrar no sólo un grupo de apoyo sino docenas, ¡y de todo el mundo! Nunca ha habido un mejor momento para ser apoyado por la gente de esta manera. Cuidado con los trolls, por supuesto.

Incluso hay aplicaciones como *Fitstream* para ayudar a crear grupos de apoyo y responsabilidad.

Una parte del proceso de elegir un socio de responsabilidad, por supuesto, es serlo. Tener un mentor y asesorar a alguien más sigue siendo clave para nuestro regimiento, en todos los ámbitos. Cada uno de ellos tiene sus propios beneficios.

Y para la etapa de la vida en la que quieras ser mentor, considera lo que se necesita para ser un buen compañero de apoyo.

Tendrás que ser un apoyo. Claro, empezarás con ese impulso, está en el corazón de lo que estás haciendo. Aun así, no estás ahí para ser un contrincante, para jugar al abogado del diablo. Apoyo significa apoyo.

Querrás centrarte en el objetivo, no en la persona. Siempre despersonaliza estas cosas.

Querrás priorizar la escucha y la comprensión. No sólo debes asentir y sonreír, sino que invierte en estos desafíos y aprovecha tu experiencia para ser un recurso verdaderamente valioso. Por eso lo haces, después de todo.

Querrás mantener las líneas de comunicación abiertas en ambas direcciones. Y cuando te comuniques, se considerado en tu consejo. Tu alumno estará escuchando y puede que siga nuestros consejos, así que ten cuidado con lo que dices y cómo lo dices. Pueden personalizar sus consejos, especialmente si son críticos con el trabajo.

Una vez que te comprometas con un mentor, no lo dejes. Puede que te abandonen, pero si abandonas al alumno eso podría desencadenar sentimientos de fracaso, de ira, y podría comenzar los ciclos de procrastinación o de pensamiento excesivo en que todos estamos aquí para suprimir.

Y debes estar abierto a compartir tu vida. Ahí es donde está tu mayor sabiduría, después de todo. Y te ayudará a construir la confianza y te hará un mejor mentor.

11

CÓMO ABORDAR LOS PROYECTOS MÁS GRANDES E IMPORTANTES EN LOS QUE TENDEMOS A PROCRASTINAR

EL CAMBIO VIENE DESDE ADENTRO Y DEBES ELEGIRLO TÚ MISMO

Elizabeth Kubler-Ross creó la curva de cambio, observando cómo la gente lidiaba con un diagnóstico terminal. Esta curva mide la confianza y la moral frente a mirar al pasado y al futuro. Las cuatro etapas de la curva son información, apoyo, dirección y estímulo. Curiosamente, se correlacionan con las cinco etapas del duelo: Negación, ira, negociación, depresión, aceptación.

Suena un poco complicado, pero funciona de la siguiente manera: En la etapa uno de la curva, está la información. Cuando llega el diagnóstico, el paciente es propenso a sufrir una pérdida de un alto grado de confianza y experimentar la negación. La segunda etapa presta apoyo al paciente, aunque es probable que la confianza y la moral caigan en picada y que la ira aumente. La tercera etapa de la curva, la dirección, tiende a elevar la confianza y la moral del paciente a medida que explora nuevas opciones. La cuarta etapa de la curva, el estímulo, tiende a elevar tanto la moral como la aceptación.

El modelo puede ser útil, no sólo con un diagnóstico terminal, sino con cualquier cambio. ¡Divorcio, noticias de embarazo, el fin de un romance, la pérdida de un trabajo o incluso un ascenso! Cuando el cambio te llegue, piensa en estas etapas y entiende en qué fase te encuentras y cómo estás reaccionando emocionalmente. Comprender estas cosas te ayudará a controlarlas, de hecho, es la única manera de controlarlas. ¡El conocimiento es poder!

Hay un viejo dicho que se hizo muy popular en Alcohólicos Anónimos, y se conoce como la oración de la serenidad:

Dios, concédeme la serenidad para aceptar las cosas que no puedo cambiar, el coraje para cambiar las cosas que sí puedo, y la sabiduría para saber diferenciarlas.

Y es efectiva para todo tipo de cambio cuando ese cambio es difícil de manejar. Pero veamos esta sabiduría usada un poco más de cerca para ver cómo podemos aplicarla a nuestra vida personal y profesional.

Cuando se gestiona el cambio personal, es vital aceptar las cosas que no se pueden cambiar. Piensa en el sobrepensador, que constantemente repite errores pasados, diciendo en su mente lo que no dijo en ese momento, preguntándose qué se podría haber dicho para crear un resultado diferente. Pero eso no se puede cambiar. El pasado ha pasado. Por lo tanto, es una pérdida de tiempo y crea todo tipo de comportamientos negativos. Al mirar hacia adelante para manejar tu propio cambio personal, ten en cuenta esta parte de la oración de la serenidad también. Nunca serás más alto; nunca te volverá a crecer el pelo. Ni siquiera pierdas el tiempo intentándolo. En vez de eso, concéntrese en la siguiente parte de la oración.

Si hay cosas que puedes cambiar, entonces haz un plan para cambiarlas. Si un título aumentaría tus posibilidades de éxito, haz un plan para conseguirlo. Esa gran tarea incluiría casi todas las técnicas que hemos discutido en este libro, pero eso sería algo que podrías cambiar. Primero, necesitarías un plan. Perder peso, dejar de fumar, controlar el temperamento; todo esto puede cambiarse, pero necesitas un plan que incluya pequeños objetivos que conduzcan al objetivo final, una agenda y otros pasos analíticos como ya hemos discutido.

Conocer la diferencia, es lo que detiene al que piensa en exceso, ya que las cosas que no pueden ser cambiadas, a menudo se perciben como si pudieran serlo. Los eventos futuros pueden ser afectados por lo que hacemos en el presente, ¿verdad? Algunos de ellos podrían ser cambiados. Por otra parte... controlas tus finanzas, pero no la economía en general. Como mucha gente aprendió, puedes hacer todo bien en la preparación de tu futuro, pero las fuerzas económicas pueden deshacer tus años de diligencia. Puedes controlar cuánto gastas o ahorras, pero no puedes controlar una recesión.

Pero puedes ser un pensador estratégico y prepararte para las contingencias. Hablamos antes de incluir tiempo para las complejidades que surgen repentinamente, y cuando estés manejando tu propio cambio y tu propio futuro, date un margen para lo inesperado, y luego prepárate para aceptarlo cuando suceda.

Abraham H. Maslow, famoso por su jerarquía de necesidades, dijo una vez, "Uno puede elegir entre volver hacia la seguridad o avanzar hacia el crecimiento. El crecimiento debe ser elegido una y otra vez; el miedo debe ser superado una y otra vez."

Está claro cómo se aplica esto a la gestión de tu propio cambio. El crecimiento personal y el cambio no suceden solos, y si lo hacen, se vuelven retorcidos e indisciplinados. Tu (o cualquiera) debe tomar el control de ese crecimiento y cambio, darle la forma adecuada, manejarlo constantemente. Además, el crecimiento personal no es un asunto de una sola vez, es un proceso. Así que prepárate para embarcarte en un largo viaje. Si no estás preparado, es probable que retrocedas. Le sucede a mucha gente que confunde el primer paso con todo el viaje.

O puedes pensar en el crecimiento personal como una cuenta de ahorros que solo crece a medida que contribuyes a ella con el tiempo.

El crecimiento personal, de hecho, se podría definir como que la persona que eres, se define por las elecciones que haces. Las mejores decisiones contribuyen a un mayor crecimiento personal, lo que hace a una mejor persona. Y, como casi siempre, esta construcción tiene un carácter cíclico. Las elecciones menores, hacen que el crecimiento personal sea menor o nulo, lo que hace que una persona menor tome decisiones aún menores, lo que hace que el crecimiento personal sea menor o nulo, lo que hace que una persona aún menor tome decisiones menores, etc. El ciclo se retroalimenta y la espiral sube o baja. La dirección que tomes depende de ti.

Entonces, cuando estés tomando estas decisiones que impulsarán tu crecimiento personal hacia arriba o hacia abajo, puedes preguntarte: "¿Me voy a arrepentir de esta elección? ¿Está esto en línea con mi integridad y mis valores? ¿Qué ganaré con esto y qué perderé? "

Sabrás cuáles son las respuestas. Es solo que la mayoría de la gente no hace las preguntas antes de actuar o reaccionar. Siempre es aconsejable dar un paso atrás y considerarlo antes de emprender cualquier acción. Esa es una técnica que aprendimos de la procrastinación activa, que en realidad es un comportamiento positivo.

¿DEBERÍAS CONFIAR EN TU MEMORIA IMPLÍCITA, SÍ O NO?

La memoria implícita se puede describir como arraigada, automatizada en tu comportamiento. Uno de sus subconjuntos es la memoria procedimental. Atarse los zapatos o andar en bicicleta son capacidades almacenadas en tu memoria de procedimientos. La memoria implícita es un grado superior de este tipo de memoria, a menudo llamada memoria inconsciente o automática. Los atletas, bailarines y músicos lo conocen como memoria muscular. Años de repetición hacen que ciertas funciones, como lanzar una pelota de fútbol o tocar un acorde musical, sean prácticamente automáticas. Recordar la letra de una canción es otro ejemplo o conducir un automóvil.

También existe la memoria explícita, en la que se hace un esfuerzo consciente para recuperar los recuerdos. Pensamientos de hechos históricos, eventos de vacaciones, personas que conocías, todos residen en tu memoria explícita. A diferencia de los recuerdos implícitos, los recuerdos explícitos son vulnerables a la pérdida.

Y hay dos tipos de recuerdos explícitos. Hay recuerdos de eventos específicos, como el día de tu boda o lo que hiciste la semana pasada; estos son recuerdos episódicos. Los recuerdos semánticos incluyen nombres, fechas, hechos históricos, conocimientos generales, que no son tan particulares como los episodios de tu vida. Recuerdos episódicos y semánticos, los dos subconjuntos de la memoria explícita.

Las investigaciones muestran que el estrés y el estado de ánimo tienen una fuerte influencia en la formación de recuerdos, tanto semánticos como episódicos, al igual que la edad. Es bastante conocido que ambos tipos de recuerdos explícitos, se desvanecen con el tiempo y los efectos del envejecimiento en el cerebro. Pero también es cierto que los recuerdos semánticos también pueden volverse poco fiables. Siguen siendo más fiables que los recuerdos explícitos, pero nuestra fe en ellos como casi al 100% puede no ser tan precisa como pensábamos.

Pero hay formas de probar la memoria implícita. Los investigadores tienen tres formas de medir la pérdida de esta función esencial.

En la prueba de terminación de palabras, al sujeto se le asignan varias letras alfabéticas y se le indica que proporcione una palabra que comience con cada una de esas letras. Parece bastante fácil, ¿verdad? Pruébalo ahora: A, C, E, O. Esperaré. De acuerdo, mientras hacías el tuyo, se me Amor, Casa, Elefante, Oso.

En la prueba de fragmentos de palabras, al sujeto se le presenta una palabra incompleta y se le pide que la complete, como restaura___, bicic__, carre_era, aut_mob_l, etc. Si entrecierras los ojos, puedes ver la palabra completa en función de tu memoria implícita de esas palabras.

También está la prueba de resolución de anagramas, donde se le da al sujeto un revoltijo y se le indica que los reorganice en el orden correcto: cahqeuta (chaqueta), presnaolidad, (personalidad). ¡Ese último sería un buen programa de juegos!

También existen diferentes tipos de memoria implícita.

La memoria procedimental, que ya hemos mencionado, incluye comportamientos aprendidos que se vuelven automáticos, atarse los zapatos o andar en bicicleta. Pero también está el *cebado*, en el que las reacciones se vuelven automáticas. ¿Cuántas personas tuvieron miedo de meterse en el agua después de ver TIBURÓN? Eso fue porque la película los preparó para temer a los tiburones. También está el condicionamiento clásico, que entrena al sujeto para que responda automáticamente a un cierto estímulo, como el perro de Pavlov. Si no lo sabes, Pavlov hacía sonar una campana y le daba una golosina a su perro. Lo hizo repetidamente, de modo que el perro estuviera condicionado a anticipar el premio cuando sonaba la campana. Luego tocaba la campana y no le daba un premio al perro, pero el perro esperaba pacientemente el premio.

La memoria implícita es un tipo de memoria a largo plazo y los recuerdos a largo plazo tienen un gran impacto en tus actividades y comportamientos. Son formativos.

Los recuerdos a corto plazo, por otro lado, duran menos de un minuto. Pueden convertirse en recuerdos a largo plazo con algo de esfuerzo (el nombre de alguien que acabas de conocer) a menos que sea absolutamente espectacular (un primer beso).

ESTABLECE TU AUTODISCIPLINA Y AUTOCONTROL, Y NO DEJES QUE NADA TE IMPIDA HACER LO QUE DEBES HACER.

Encontrar la motivación es un paso crucial para establecer y desarrollar tu autodisciplina. Puedes estar motivado por las necesidades de la vida, como alimentarte o alimentar a tu familia o conseguir un refugio seguro o mejor. Puede que quieras ayudar a otros, una vez que hayas visto tu propia jerarquía de necesidades. Puede que quieras lograr algo que te haga trascender y hablar con personas que nunca conocerás. Puede que simplemente quieras tener una vida más feliz y disfrutar más de ti mismo.

Aquí hay algunas preguntas para guiar tus decisiones para aplicar la razón a tu deseo y aumentar tu autodisciplina. Haz una lista (naturalmente) de las cosas que quieres y cuántas. ¿Son cosas razonables? ¿Son razonables las cantidades? Tal vez puedas reducir la cantidad a la mitad. ¿Eso te quitaría la alegría a tu vida? ¿Explotaría tu cabeza?

Pregúntate de nuevo cuánto quieres el objeto. ¿Cometerías un crimen para conseguirlo? ¿Qué sacrificarías para tener esa cosa? ¿Cuánto quieres el objeto? ¿Cuánta alegría obtienes, o vas a obtener del objeto? ¿Vale la pena el riesgo inherente? ¿Cuánto te dolerá no tenerlo?

Responder a estas preguntas te ayudará a establecer y mejorar tu autodisciplina y eso te ayudará en todo lo demás que hagas. No esperes a que sea el resultado de tus otros esfuerzos, haz que sea la consecuencia de las otras campañas. Trabajarán juntos, pero la autodisciplina es realmente un buen lugar para empezar.

¿Te falta autodisciplina? ¿Tienes deseos abrumadores de hacer algo que sabes que es malo para ti? ¿Sucumbes a esos deseos? ¿Con qué frecuencia? ¿Te disgusta la idea de hacer algo que podría ser bueno para ti? ¿Con qué frecuencia sucumbes a este rechazo y dejas de hacer la tarea? La respuesta te lo dirá.

Intentemos un pequeño experimento. Piensa en algo que realmente quieras; una bebida, un cigarrillo, tu comida favorita, un coche nuevo.

Ahora califícalo en una escala del 1 al 10 basada en estas preguntas: *"¿Cuánto lo quiero? ¿Cuán decepcionado estaré si no lo consigo? ¿Lo quiero o lo necesito, realmente tengo que tenerlo?"*

Considera el dolor que sentirás si no haces o no obtienes lo que estás considerando. Califícalo en la escala las declaraciones, *"Tengo que fumar un cigarrillo. No me fumé uno ayer y me arruinó el día. Hace dos días que no fumo, quizá pueda esperar hasta mañana".*

Una vez más, vemos que las técnicas probadas que hemos usado antes, funcionarán perfectamente aquí. Establecer la autodisciplina es, después de todo, una gran tarea que querrás dividir en tareas más pequeñas, cada una con una línea de tiempo. Querrás registrar tus actividades y progresos, declarar tus intenciones y conseguir un compañero de apoyo y así sucesivamente. La concentración, la persistencia, la organización, la resistencia, la responsabilidad y una fuerte ética de trabajo, son rasgos de las personas que practican la autodisciplina.

La autodisciplina, al igual que esos otros rasgos, son comportamientos aprendidos y se forjan con el tiempo y la experiencia. Y tiene sus propios desafíos inherentes. Si conoces estos desafíos, estarás mejor equipado para manejarlos cuando aparezcan.

El camino a la autodisciplina desafiará tus percepciones, por ejemplo. Es el viejo cochecito de la autoeficacia. Algunas personas no creen que puedan ser más disciplinados. Son quienes son. Hemos visto este estallido de varias maneras diferentes a lo largo de nuestros estudios hasta ahora. Pero puede ser particularmente desafiante cuando se trata de la autodisciplina. ¿Por qué? Tal vez porque la autodisciplina es lo más profundo de todo lo que hemos tratado hasta ahora. Sin autodisciplina, todo el establecimiento de objetivos y el registro de tiempo en el mundo, no llegarían a mucho. Puede que, con el tiempo, desarrolles la autodisciplina, por supuesto. Los métodos que discutimos han sido probados científicamente a través tiempo, para ayudar a derrotar la procrastinación y el exceso de pensamiento, ambos caracterizados por la falta de autodisciplina. Practicarlos aumentará naturalmente tu autodisciplina como resultado.

¿Pero qué pasa si le damos la vuelta y ponemos la autodisciplina donde pertenece, como causa o factor motivador, en lugar de como síntoma o resultado? Veríamos que esta es la fuente de nuestras fortalezas y nuestras debilidades. Aquellos que tienen más autodisciplina están mejor equipados para frenar el comportamiento insano, después de todo.

Algunas personas tienen la suerte de haber sido criadas en un hogar estrictamente regulado. No me refiero a un hogar abusivo, pero se sabe que los niños criados bajo menos supervisión y menos orientación paterna se meten en más problemas. Los niños con un hogar más estable se desempeñan mejor. Los niños que practican deportes de equipo son registrados como más prósperos de adultos. ¿Por qué? Se les inculca la disciplina en un hogar más estable o en un equipo deportivo.

Pero no todos tuvieron ese tipo de educación. Algunos tenían padres que trabajaban y eran los llamados *niños con llave*. Algunos niños son solitarios y no son atléticos. Yo estaba en ambas categorías. Y muchas personas que no fueron estrictamente disciplinadas de niños, simplemente carecen de autodisciplina de adultos.

Los que tienen algo de autodisciplina siempre pueden tener más, y los que tienen menos necesitan más. Aquellos que no tienen nada, la necesitan de verdad. La buena noticia es que se puede aprender, y en cualquier momento de la vida.

Algunas personas pueden decir que los primeros siete años de vida son los años formativos, donde se establecen los fundamentos del individuo. Y hasta cierto punto, eso es probablemente correcto. Pero la gente no deja de crecer a los siete años. Evolucionan y cambian y se convierten en mejores personas con mayor profundidad. Por lo tanto, es una falacia decir que una persona no tiene control sobre su autodisciplina como resultado de las experiencias de la infancia. Es una elección totalmente personal.

Entonces, ¿cómo se alimenta la auto-motivación? En realidad, nos lleva de vuelta al conjunto de habilidades que aplicamos a casi todo. Encuentra tu motivación, establece tus objetivos, haz un registro del tiempo, consigue apoyo, delega si es posible, abandona los obstáculos mentales, practica la autocompasión.

Otra forma de sortear los desafíos de la autodisciplina es encontrar una actividad motivadora. Piensa en esto como la recompensa que obtendrás al final de cada pequeña tarea. Esta vez deja que sea algo como ver un episodio de tu programa de TV favorito sin interrupción, o un largo baño caliente.

Una cosa interesante sobre la búsqueda de la autodisciplina, es que tanto con las otras actividades que deben precederla como las que vienen después de ella, es que debes sentirte cómodo con el fracaso. El perfeccionismo es un desafío crucial en la procrastinación y el exceso de pensamiento, pero estos son alimentados por la autodisciplina. Si el perfeccionismo te afecta a ese nivel, de raíz, puede que nunca llegues a ninguna parte. En tu búsqueda de autodisciplina, fallarás varias veces, quizás bastante a menudo. Eso es de esperar. No dejes que lo perfecto sea el enemigo de lo bueno. Una tasa de éxito del cincuenta por ciento, (y eso es un fracaso por cada éxito) es impresionante. Aumentará tu autodisciplina considerablemente. Si tienes éxito sólo tres veces de diez, alcanzarás el 50% al año siguiente, y aumentarás año tras año. Acepta el fracaso como una parte necesaria del proceso.

¡AQUÍ HAY ALGUNOS CONSEJOS Y TRUCOS PARA DESARROLLAR TU AUTODISCIPLINA!

- Haz de ella un hábito practicándola una vez al día. Elije una cosa para privarte de ella, para probarte. Sólo una cosa al día, puedes hacerlo de nuevo al día siguiente si quieres, pero niégate a hacer otra cosa. Puede ser un regalo, puede ser un margen de retraso, puede ser dejar el correo sin abrir. Sacrifica uno de estos todos los días. No sólo fortalecerá tu autodisciplina, sino que también te motivará a hacer las cosas.

- Concéntrate en una faceta de tu autodisciplina a la vez. Esta es una manera de dividir la gran tarea en pequeñas tareas, como el ejercicio anterior. Pero esto también te mantendrá enfocado en esa disciplina en particular. Las distracciones y las tareas múltiples serán especialmente perjudiciales aquí. Esta semana, tendrás tu casa completamente limpia. La próxima semana, podrás organizarte. La semana siguiente, comienza a ponerte en forma. Nunca serás capaz de hacer todo eso de una sola vez.

- Medita durante 10 minutos al día. Ya hemos dado un breve vistazo a los beneficios y prácticas de la meditación. Y como esta implica su propio tipo de disciplina y enfoque, sólo puede fortalecer tu autodisciplina en general. El beneficio mutuo es que, al ser más auto-disciplinado, obtendrás más de tu meditación y viceversa.

- Aquí hay otro ejercicio para hacerte más auto-disciplinado. Haz tu cama. Lo sé, algunos de ustedes se niegan a hacerla evadiendo la tarea. Algunos lo hacen siempre, otros nunca. Para aquellos que no lo hacen, consideren los beneficios. Primero, habrás cumplido una pequeña tarea, a primera hora de la mañana. Eso es bueno para la autoeficacia. Te pone en una mentalidad productiva. Y como hemos discutido, el ambiente refleja la psique. Una cama desordenada hace que la mente esté desordenada, incluso si no estás allí. Además, nunca sabes quién puede venir a casa contigo, y no quieres parecer un vago.

- Aunque debes tener una dieta y un estilo de vida saludables, no descuides el consumo de azúcar natural. Sabemos que demasiada o muy poca glucosa puede afectar al cerebro. La glucosa, como recordarán, lleva energía al cerebro y a otros órganos, músculos y sistemas corporales. Cuando se tiene poca azúcar en la sangre, se corre el riesgo de perder la motivación. Pero recuerda, ¡todo con moderación!

Tras el análisis, la autodisciplina parece estar enraizada en tres instintos básicos: autopreservación, autoafirmación y autorrealización.

1. La autopreservación quita el foco de atención de las cosas sin importancia y lo redirige hacia lo que es necesario, lo que es vital para la supervivencia. Aquellos con este instinto tienden a no sobrevalorar los bienes materiales y a no explotar a los demás.

2. Aquellos con un fuerte sentido de auto-afirmación saben cuál es su valor, pero están abiertos a dejar que otros hablen también. Son firmes pero gentiles y se resisten al lenguaje abusivo o al maltrato de los demás.

3. Aquellos que tienen o buscan la realización personal también son resistentes. El autocontrol impulsa a esta persona a enfrentarse a los desafíos y a desarrollar las habilidades

necesarias para el éxito y la felicidad; en otras palabras, la realización personal.

Y estas habilidades desafiantes, pero posiblemente necesarias pueden incluir cosas como aprender a bailar o a dibujar o cualquier actividad artística que pueda llevar años para hacerlo bien. Estas son las últimas pruebas de autodisciplina. Nadie va a poner un guitarra en tus manos y una pistola en tu cabeza, después de todo... eso espero. Eso sería muy raro.

El autocontrol hará que tengas una vida moderada y felíz, sin vivir en el pasado o en el futuro, sin querer mucho o no ver cuando has tenido suficiente.

¡DESARROLLA EL SISTEMA PARA CONVERTIRTE EN UN HÉROE DE LA PRODUCTIVIDAD!

Hay algunos sistemas modernos que te ayudarán a hacer las cosas. Nos hemos apoyado mucho en el método Pomodoro, así que echemos un vistazo a algunos más.

El *"Getting Things Done"* (GTD), significa "haz que las cosas sucedan", comienza escribiendo todo lo que hay que hacer. Ya hemos hecho esto antes, pero lo clasificaremos de forma un poco diferente. Clasifícalo en seis categorías; acciones actuales, proyectos actuales, áreas de responsabilidad, objetivos de 1 a 2 años. Objetivos de 3 a 5 años, y objetivos de vida.

Haz los pequeños primero, quítalos del camino y construye tu autoeficacia y construye algo de impulso. Como ya puedes asumir, divide los proyectos más grandes en hitos más pequeños. Luego procede como lo hemos hecho. Son las clasificaciones las que importan aquí. Es una buena manera de obtener el control de los objetivos a corto y largo plazo. Es un poco más avanzado que hacer un solo proyecto de esta manera, pero te pondrá en un mayor control de tu vida.

El enfoque *Zen to Done* (ZTD) que sería algo así como "medita para hacer las cosas", es comparable al enfoque Getting Things Done, pero el enfoque Zen se centra en los hábitos mientras que el otro se centra en el sistema. El ZTD se centra en el proceso, en el hacer, en otras palabras, mientras que el GTD se centra en crear un sistema y dejar que el sistema haga el trabajo.

GTD es un calendario vagamente estructurado para la realización de tareas. ZTD estructura el día alrededor de tres tareas más importantes y la semana alrededor de las tareas principales. No hay un incremento de cinco años en el marco del ZTD. ZTD utiliza la simplificación para centrarse en lo esencial, objetivos más específicos en plazos más ajustados.

El enfoque de ZTD en nuestros hábitos es central, y hay hábitos que cada maestro de ZTD parece evidenciar. Capturan ideas, notas y tareas para no olvidarlas. Toman decisiones rápidas y no las postergan. Establecen las tareas más importantes para cada día. Hacen una tarea a la vez sin distracciones, sin hacer muchas cosas a la vez. Mantienen listas simples y las revisan diariamente. Tienen ambientes organizados con un lugar para cada cosa. Revisan sus objetivos y sistemas regularmente y los reducen a lo esencial. Establecen y mantienen rutinas y trabajan apasionadamente en sus trabajos, por el que son apasionados.

¿Te suena familiar? Todo en lo que hemos estado trabajando nos lleva a esto, nos prepara para ello, ¡lo hace parecer no sólo posible sino casi simple!

El sistema conocido como *No Rompas la Cadena* fue aparentemente inspirado por el comediante Jerry Seinfeld. No es sorprendente que se centre en el éxito creativo. La historia dice que el cómico compró un calendario y dibujó una gruesa X roja a través de cada día en el que escribió nuevo material. La idea era que, si no escribía ningún material nuevo en un día determinado, rompería la cadena de marcas X. Puede sonar simplista, pero utiliza casi todas las técnicas que hemos discutido, en un sistema fácil de usar. Es un registro de tiempo, es responsabilidad, es visualización, es motivación. Expresa cada día que haces algo para lograr tu objetivo y no rompas la cadena.

¿Y qué pasa entonces con la comida de las aerolíneas, tengo razón?

Sin embargo, puedes modificar el sistema. Si estás de vacaciones, usa el azul en lugar del rojo. Las vacaciones son parte de refrescar tu ciclo productivo, después de todo. Y una X sigue siendo una X. ¡Pero mantenla roja tanto como puedas! También puedes permitirte unos cuantos intervalos en un mes, pero no dos seguidos, y no más de uno por semana. Luego cuelga ese calendario en un lugar prominente, donde puedas verlo, recordarlo, inspirarte en él.

Este método no será genial para la gestión compleja del tiempo o para proyectos de hitos al estilo de Pomodoro, es sólo un avance continuo hacia una sola cosa. Este método es genial para la autodisciplina, porque lo haces de muchas maneras diferentes cada día, y son todos pasos en un mismo viaje. También puedes llevar varios calendarios, uno para la autodisciplina, otro para los proyectos personales, otro para los proyectos profesionales. Puedes usar el mismo sistema de codificación de colores para cada uno, para que sean fáciles de seguir.

El sistema *Trifecta* se centra en tres cosas por día para que esas tareas se completen al final del día. Es un buen método para objetivos a corto plazo y para cualquier construcción al estilo de Pomodoro.

El método de *MOSCÚ* divide las tareas en cuatro categorías de diferente valor: Debe tener (M), debería tener (S), podría tener (C), y tendría (W). Clasificar las tareas de esta manera te ayudará a priorizarlas, organizarlas ¡y luego hacerlas!

Cualquiera que sea el método que elijas, debe estar libre de fricciones, ser adaptable a tus necesidades personales, ser fácil de aprender, fomentar el trabajo con otros y ser compatible con otros sistemas. Todos los mencionados anteriormente encaja perfectamente. Prueba uno, o prueba varios de ellos. Combínalos como mejor le sirvan.

¡Ahora vamos a ver más de cerca la aplicación de estos sistemas a todos y cada uno de los aspectos de tu vida!

IV

ALCANZAR TU POTENCIAL ILIMITADO

12

MANEJO DE LAS DIFERENTES ÁREAS DE TU VIDA

ABANDONA LA MENTALIDAD FIJA Y COMIENZA A DESARROLLAR UNA MENTALIDAD DE CRECIMIENTO

No hay una sola manera de alcanzar tu potencial ilimitado, por supuesto. No hay una llave mágica. Pero, como cualquier gran tarea, puedes usar el conjunto de habilidades que ya has estado desarrollando para lograr esta desalentadora tarea. Y será una tarea continua. Al igual que con la autodisciplina, es una labor constante, y estarás constantemente mejorándola o arriesgándote a retroceder junto con ella.

Comencemos esta sección, acerca de alcanzar tu potencial ilimitado dividiendo la gran tarea en tareas más pequeñas. Funciona siempre.

Tal vez el primer hito de este proyecto será ver dónde está tu potencial, y eso está en tu mente. Tus pensamientos son cruciales para la dirección que tomará tu vida; hemos visto eso de varias maneras. La falta de autoeficacia, la autocomplacencia negativa, y una variedad de otros hábitos mentales no saludables provienen de tu cerebro, que ya hemos visto. ¿Pero qué hay de los pensamientos reales? Hemos visto los diferentes tipos de memoria y las diferentes formas en que la emoción afecta al pensamiento. Ahora vamos a profundizar en esa influencia, y en cómo puedes juntarlo todo y empezar a aplicarlo para obtener resultados aún más concretos (si has estado aplicando estas prácticas y ejercicios, supongo que ya has visto algunos, incluso pequeños).

Así que, adelante con los pensamientos. Los pensamientos pueden ser constructivos o destructivos para tu auto-mejora, como hemos visto. Pero los pensamientos no existen en el vacío, son generados por una mentalidad. Para entender tus pensamientos y sus efectos en tu comportamiento y en tu vida, tienes que ir más profundo aún, en las complejidades de tu mentalidad.

Básicamente hay dos tipos de mentalidades; la mentalidad *fija* y la mentalidad de *crecimiento*. La naturaleza de cada una de ellas es intuitiva. Una mentalidad de *crecimiento* cree que un conjunto de habilidades o incluso una situación puede ser cambiada, mejorada, que una cosa puede crecer. Una mentalidad fija generalmente ve las cosas como estáticas, inmutables, inevitables, que una cosa es *fija*.

No es sorprendente que aquellos con una mentalidad fija tiendan a deprimirse y a fracasar. Los que tienen una mentalidad de crecimiento tienden a la satisfacción y el éxito. La buena noticia es que tu (o cualquiera) puede cambiar su mentalidad y por lo tanto cambiar su proceso de pensamiento, cambiando así su vida.

Cualidades como la fuerza de voluntad, el coraje, la creatividad, la diligencia y las buenas habilidades de comunicación se aprenden, no son innatas, como hemos visto. Aquellos con una mentalidad de crecimiento, están mejor preparados y es más probable que acepten esto y sobresalgan en esas cualidades.

Los que tienen una mentalidad fija, tienden a evitar los desafíos, a rendirse fácilmente, a percibir el esfuerzo como algo inútil o una pérdida de tiempo. Tienden a ignorar la retroalimentación y se ven amenazados por el éxito de los demás.

Por el contrario, los que tienen una mentalidad de crecimiento, abrazan los desafíos, incluso los esperan con impaciencia. Persisten cuando se les desafía, no se rinden fácilmente. Tienden a ver el esfuerzo como el camino hacia la maestría. Aprenden de la crítica y creen que las lecciones son inspiradoras y que los llevarán al éxito.

En un estudio de 128 niños de 10 a 11 años, dos grupos recibieron problemas matemáticos idénticos para resolver. A un grupo se le animó con, "Lo estás haciendo muy bien. ¡Debes ser inteligente!" En el otro grupo, se les animó con, "Lo estás haciendo bien. ¡Debes esforzarte mucho!" La prueba siguió unos cuantos pasos más, y los resultados finales fueron claros. A los niños elogiados por la mentalidad de crecimiento de esforzarse les fue mejor que a los animados por su inteligencia innata.

Los investigadores creen que esto es así porque aquellos que creen en su propia inteligencia no sintieron que tenían que esforzarse tanto, y por eso no lo hicieron tan bien. Aquellos elogiados por sus intentos respondieron a ese elogio esforzándose aún más, y así lo hicieron mejor.

Podrías reconocer la conexión con las mentalidades de optimismo y pesimismo. Y esas mentalidades tampoco son innatas y pueden ser cambiadas con autodisciplina y conocimiento. Esto es importante en lo que se refiere a nuestros fracasos, ya sea que pensemos que podemos aprender de ellos o simplemente ser derrotados por ellos, por ejemplo.

Las personas con una mentalidad de crecimiento, tienden a recuperarse del fracaso, como hemos visto, y generalmente regresan más fuertes. Aprenden de sus fracasos. De hecho, el viejo dicho, dice algo así como, "Aprendes más de tus fracasos que de tus éxitos". Esa es una mentalidad de crecimiento en pocas palabras. La gente con mentalidad fija, parece creer que no se puede aprender nada del éxito. La gente con mentalidad de crecimiento, cree que el fracaso lleva al éxito, pero aquellos con una mentalidad fija, tienden a ver un fracaso como prueba de un patrón de fracaso, uno que no puede ser revertido.

Cambiar este único eslabón de la cadena puede ser invaluable, incluso crucial, para tu crecimiento personal. En el momento del fracaso, elige deliberadamente adoptar una mentalidad de crecimiento, aunque nunca hayas tenido una antes. Oblígate a ser optimista, no importa lo difícil o inútil que pueda parecer. Está dentro de la capacidad de cualquiera, controlar su mentalidad, sus pensamientos, sus comportamientos, sus metas, sus logros, sus vidas. Sólo tienes que verlo de esa manera. Esperemos que lo hagas.

Pero estas mentalidades están relacionadas con un fenómeno más: la profecía autocumplida.

El famoso fabricante de automóviles y titán americano, Henry Ford, dijo una vez, "Si crees que puedes, o crees que no puedes... tienes razón". La investigación lo confirma. La gente tiende a ser víctima de los límites que se imponen a sí mismos. Si una persona se cree un perdedor perpetuo, no es probable que tenga muchos éxitos. Se auto-sabotearán sus esfuerzos en la variedad de formas que ya hemos visto. La creencia se convierte en realidad, y se cumple una profecía auto-cumplida.

Pero apuesto a que ya te has dado cuenta de que lo contrario también es cierto. La persona con mentalidad de crecimiento se dice a sí misma que los fracasos pueden ser superados, que son éxitos en el fondo. Estas personas están más dispuestas a arriesgarse y a cosechar los beneficios de cumplir con nuevas y desafiantes tareas.

Por lo tanto, debes saber cuál es tu tipo de mentalidad. Haz algunas listas, clasifica las cosas que has logrado en tu vida, que has dejado de lograr, o que aún esperas lograr. ¿Qué lista es más larga, cuál es más corta? Si tienes una lista larga de cosas a las que renunciaste, pero una lista corta de cosas que tienes que lograr, sabrás que refleja una menta-lidad fija, y que te has estado limitando.

Una vez que cambies tu forma de pensar, ¡tu vida entera cambiará para mejor!

Y, como las otras mentalidades, ¡sé diligente! Una persona puede cambiar su forma de pensar deliberadamente, de una mentalidad fija a una de crecimiento, pero también puede funcionar de otra manera.

Una persona con una mentalidad de crecimiento, puede ser disuadida a través de años de fracaso y caer en una mentalidad fija si no es diligente, manteniendo la autodisciplina. Los compañeros de apoyo pueden ser herramientas esenciales en este caso (como en tantas de las cosas que hemos discutido en este libro).

Los nuevos avances neurocientíficos, muestran ahora que el cerebro es más flexible de lo que se pensaba anteriormente. Las neuronas pueden cambiar con el tiempo bajo la influencia de la experiencia. Nuevas conexiones pueden crecer, y las viejas conexiones pueden ser fortalecidas. ¡El aislamiento que acelera la transmisión de los impulsos puede ser restaurado o reconstruido! Además, podemos influir en este crecimiento con acciones concretas, cosas que cualquiera puede hacer, y muchas de ellas están en este libro: Mejor nutrición y hábitos de sueño, emplear estrategias sólidas, hacer las preguntas correctas y establecer los objetivos adecuados, practicar hábitos saludables, como leer o tocar un instrumento musical.

Como puedes ver, cambiar tu forma de pensar a una perspectiva orientada al crecimiento, puede realmente mejorar tu función cerebral, y eso a su vez ayudará a todo lo demás que piensas y haces. Este ciclo positivo se alimenta a sí mismo y se acelera el espiral ascendente.

NO DESESTIMES TUS SENTIMIENTOS, TU MÁXIMA PRIORIDAD ERES TÚ MISMO.

Convertirte en tu prioridad significa emplear una variedad de técnicas que ya has usado. Pero es importante ser deliberado sobre su aplicación en cada faceta de tu vida cotidiana. Y como somos más duros con nosotros mismos que con los demás, el área del autocuidado es de vital importancia. Añade a eso el increíble estrés de nuestra vida diaria, la comida procesada, las demandas económicas, las cantidades abrumadoras de información que se vierten en nuestros cerebros, el autocuidado es tanto la primera cosa que la gente olvida, como la última a la que puede permitirse renunciar.

Hábitos de sueño saludables, mejor dieta, ejercicio diario, auto-disciplina, la técnica Pomodoro, todas estas son grandes formas de autocuidado. Abandonar el perfeccionismo, practicar la autocompasión. Evitar el autodiscurso negativo y el exceso de pensamiento. Aprender una nueva habilidad.

El autocuidado de los estudiantes también es especialmente importante. Sus horarios suelen estar llenos de actividades escolares, extraescolares y recreativas. Trabajan duro y juegan duro, agotando sus recursos a cada paso. Además, los estudiantes parecen más propensos a la procrastinación y a pensar demasiado que otros grupos tomados en su conjunto.

Pero los expertos recomiendan otros consejos y trucos específicamente para el autocuidado.

Simplemente di que no. Ya lo hemos tratado brevemente antes, pero vale la pena repetirlo aquí. Nuestras vidas están tan llenas de gente que nos necesita para una cosa u otra, que nos presionan para rendir más de la cuenta. Y es cierto que una mentalidad positiva está apta para aprovechar las oportunidades que se presentan, pero es importante ser selectivo, tener discreción. No tendrás suficiente tiempo o recursos para hacer todo lo que se te pida en la vida. Eso reducirá tu capacidad de hacer las cosas a las que ya te has comprometido. Hemos aprendido a hacer listas y priorizar, y deberías emplear esa técnica aquí. Recuerda que las tareas pueden ser urgentes o importantes, urgentes e importantes, urgentes, pero no importantes, importantes, pero no urgentes, y no urgentes ni importantes. Así que, dedícate primero a las cosas que son importantes y urgentes. Debido a sus efectos en tus objetivos a largo plazo y debido a su efecto en tu rendimiento inmediato, el autocuidado es tanto importante como urgente.

No hemos hablado mucho de tomar vacaciones, son excelentes recompensas para fomentar la realización de una gran tarea. Aquí, es un concepto aún más vital. Los viajes de autocuidado son formas realmente poderosas de mantener tu bienestar físico y mental. Piensa en pasar el fin de semana en un balneario o spa, donde puedas dedicarte por completo al autocuidado del cuerpo y la mente. Campamentos, viajes de golf, retiros de meditación, hay todo tipo de destinos de autocuidado que podrías considerar. También puedes pensar en un viaje para ver a la familia (aunque eso podría no reducir tu estrés en absoluto).

Las mascotas de apoyo emocional son muy populares, y por una buena razón. Tienen una influencia calmante y tranquilizadora. Son un poco de naturaleza en la casa contigo. Pueden ser cajas de resonancia y fuentes de apoyo. Son cariñosas. Cuidar de una mascota es en sí mismo es una gran tarea que se divide en pequeñas tareas de mantenimiento e interacción. Sólo el hecho de tener y mantener una mascota te ayudará a vencer la postergación y el exceso de pensamiento, de hecho. Vuelve y echa un vistazo, relee algunas cosas teniendo en cuenta la propiedad de una mascota, verás lo que quiero decir.

Realmente no importa qué tipo de animal sea. Lo que sea que te guste. A algunas personas les encanta acariciar el pelo de un perro, un gato o un conejo. Otros encuentran consuelo en los colores y el movimiento lánguido de los peces exóticos; otros adoran a sus pájaros. Enseñar a un loro a hablar es un ejemplo clásico de la técnica Pomodoro y en sí mismo servirá para casi todas las prácticas que hemos analizado.

Ser organizado es especialmente importante para el autocuidado, porque ser desorganizado es la fuente de tan constante estrés y confusión en nuestra vida diaria. El autocuidado es difícilmente realizable sin estar razonablemente bien organizado.

Cocinar en casa es una técnica de autocuidado increíble. No sólo la comida será tan pura y natural como la hagas, y sabrá mejor, sino que tienes el beneficio de cocinar. La cocina incorpora mucho de lo que hemos visto, combinando prácticamente todas las técnicas. Cuando cocinas, estás aprendiendo una nueva habilidad, eso es bueno para el cerebro. Tu autoeficacia y el proceso de pensamiento positivo se intensifican. Las pequeñas tareas son recompensadas con la deliciosa comida, además del orgullo de los logros. Reduce el perfeccionismo, pero motiva la organización, el esfuerzo y la autocompasión. Es saludable, y puede tener un efecto meditativo. También es mucho más económico, lo que no sólo reduce el estrés relacionado, sino que te da una sensación de control sobre tu economía.

Recuerda programar tiempo para el autocuidado todos los días. No rompas la cadena en este caso, es demasiado importante.

El autocuidado es crucial para aquellos que se están recuperando o manejando una enfermedad grave. Ya sea en la recuperación de un accidente o en el manejo de una enfermedad repentina o crónica, el autocuidado es el corazón de cualquier regimiento de recuperación. Y hay cosas específicas en las que podrías pensar si empleas el autocuidado para este propósito.

Curiosamente, enfrentar una crisis médica, es el tipo de grandes tareas que hemos visto a lo largo de este libro, el tipo de tarea para la que te has estado entrenando. Emplea casi todas las cosas que hemos discutido, desde una mentalidad de crecimiento hasta la técnica Pomodoro. Recuperarse de una pierna rota requiere completar con éxito una serie de hitos; aprender a usar muletas, salir del yeso, terapia física. La recuperación del cáncer significa cirugía o radiación, quizás rondas de quimioterapia; cada una de ellas son un hito a completar hacia el objetivo final de la recuperación. Hay muchas otras técnicas ya conocidas que se emplean (mejor sueño y dieta, más ejercicio, meditación, autocompasión, pensamiento positivo, visualización).

Pero veamos más de cerca algunas formas concretas de autocuidado si estás enfrentando un proceso de recuperación significativo.

En primer lugar, definitivamente querrás centrarte en tus puntos fuertes y en la resolución de problemas. Abandona el pasado y concéntrate en el futuro. Es cierto que hemos hecho hincapié en vivir en el presente y abandonar el pasado o el futuro como una forma de vencer el exceso de pensamiento. Pero recuerden también que el futuro es un gran motivador, y es la clave para armar nuestros planes a largo plazo. En este caso, apóyate en el futuro para atravesar el presente.

También querrás mantenerte centrado en tu vida. Quita el enfoque de tu enfermedad. Esto no será fácil. Necesitarás toda tu autodisciplina para resistirte a la obsesión; una enfermedad mortal, claro, pero incluso una pierna rota puede dominar cada segundo de tu pensamiento despierto. Te pica bajo el yeso, tus días de fútbol han terminado, puede doler cada vez que llueve o ser un dolor constante toda tu vida. Hay mucho de lo que preocuparse.

Pero aprovecha las habilidades que aprendiste hasta ahora. Y recuerda los hábitos, y cómo es mejor reemplazar uno con su opuesto. Reemplaza tu enfoque en la enfermedad o lesión por tu enfoque en un ser querido, visualiza un sueño de futuro éxito o felicidad. Concéntrate en esa única cosa, al principio durante cinco minutos al día, luego diez, y así sucesivamente. Elimina la distracción y el desorden. Cualquiera puede hacerlo.

Las personas que se enfrentan a la recuperación deben prestar especial atención a la higiene. El descuido de la higiene puede ser un signo de impotencia, depresión, abandono. Ver a los amigos también, ya que el creciente aislamiento indica las mismas cosas.

Haz una cosa que disfrutes cada día, algo por puro placer. Mira un episodio de tu programa de televisión favorito, toma un baño caliente.

Una cosa que a menudo se pasa por alto en el ámbito del autocuidado, ya sea por una lesión o enfermedad o simplemente de la variedad básica o general del autocuidado es la ropa.

La ropa es omnipresente en nuestra sociedad. Señalan nuestro estatus, nuestras prioridades, expresan quiénes somos. Es como un entorno que llevamos a todas partes donde vamos. Refleja nuestra psique.

Si el autocuidado es tu objetivo (o cualquiera que sea tu objetivo, en realidad) deberías echar un vistazo a lo que llevas puesto y a lo que deberías llevar puesto.

La ropa puede servir para hacerte más seguro (en el trabajo o en una cita) o más relajado (en casa después del trabajo, en vacaciones). ¡Vístete para la ocasión! Es mucho más fácil estar cómodo con una bata de baño en casa, pero mucho más difícil estar seguro vestido así en la oficina.

La ropa refleja quién eres y puede afectar la forma en que te sientes. También puede afectar la forma en que otros sienten acerca de ti. La ropa es una conexión vital para los demás y para el mundo en general.

La ropa también es un buen motivador para socializar un poco más. Imagina estar bien vestido y no tener a dónde ir.

Además, cambiar de ropa de trabajo a tu ropa personal te ayuda a mantener los límites. Quieres evitar que tu vida laboral domine tu vida personal. El tiempo libre es una gran parte del cuidado personal, después de todo.

Trabaja menos horas si puedes. En esta sociedad competitiva, la jornada laboral de 8 horas es cada vez más rara. Pero trabajar mucho más que eso provoca falta de concentración, agotamiento, un resultado menos impresionante y eso contribuye a un espiral descendente. Pero esto puede suceder sin que nos demos cuenta. Fuera del lugar de trabajo, en la nueva economía, es más fácil e incluso más necesario trabajar más horas. Y en la oficina, los trabajadores a menudo se quedan hasta tarde o llegan temprano o incluso renuncian al almuerzo para hacer las cosas. Pero, como hemos visto, estos trabajadores pueden convertirse fácilmente en malos, en este caso por puro agotamiento. Demasiadas horas en el escritorio conducen a todo tipo de enfermedades físicas, desde problemas de rodilla y espalda hasta fatiga visual y problemas circulatorios, es físicamente peligroso. Si puedes, trabaja menos horas y levántate y camina un poco cada hora aproximadamente para evitar coágulos de sangre.

Con este fin, muchas personas ahora trabajan en escritorios de pie. Hay una variedad de modelos, todos ellos fácilmente ajustables para sentarse o pararse. Aparentemente, es excelente para la postura, la comodidad general, la productividad y la resistencia. Oye, Ernest Hemingway escribió de pie, y todos lo recordamos.

Pero para volver al tema de trabajar menos horas, de pie o no, considera programar menos horas para hacer el trabajo, eso te motivará a pasar menos tiempo trabajando. Mucha gente cree que 35 horas debería ser el máximo. Yo personalmente trabajo unas 70 horas a la semana.

Para aprovechar al máximo las horas de trabajo, echemos un vistazo a algunas reglas probadas en el tiempo para la administración del tiempo corporativo en lo que respecta a la celebración de reuniones.

LA GESTIÓN DEL TIEMPO EN EL MUNDO EMPRESARIAL

Una forma de lidiar con tus propias luchas con una agenda ocupada es tener días temáticos. Con eso, quiero decir que cada día se puede reservar para un cierto tipo de actividad. Puedes concentrarte en la organización los lunes, actualizar tu agenda los martes, la interacción personal los miércoles, las llamadas telefónicas los jueves y organizar los planes de la próxima semana el viernes.

Pero las reuniones son, con mucho, una de las cosas más difíciles de gestionar en el mundo empresarial. Hay diferentes personalidades con diferentes tareas y diferentes habilidades. Las reuniones tienden a ser largas y eso hace descarrilar una planificación cuidadosa del tiempo. Se estima que los trabajadores pasan alrededor del 15% de su semana laboral en reuniones. A continuación, presentamos algunas formas brillantes de hacer que tus reuniones funcionen sin problemas, de manera eficiente y rápida.

Haz que tus reuniones duren cinco minutos. La llamada *regla de los cinco* minutos ilustra que la mayoría de la gente puede entender su punto de vista en medio minuto. Seis personas pueden reportar su progreso y digerir sus próximos movimientos en ese tiempo. Si cinco minutos son muy poco, que sea el mínimo y diez minutos el máximo, tal vez quince. Nada más que eso. La regla de los cinco minutos es de oro para un gerente eficiente.

Ninguna reunión debe durar más de una hora. Ninguna reunión tiene tanta gente exponiendo tantos puntos.

Establece un día aparte, como día de no reunión. El miércoles es bueno, ya que todos deben involucrarse en las tareas que se fijaron el lunes. De todos modos, el jueves y el viernes se presentarán los informes, así que ¿por qué no les das un respiro a ellos y a ti mismo y dejas que se pongan manos a la obra y hagan el trabajo? Esto también romperá el trabajo pesado de la semana.

Termina temprano si puedes. Programa una hora, pero apresúrate para terminar en la marca de 50 minutos. Es un ejemplo para que los demás también cumplan con sus plazos. Y les da diez minutos extra para salir del modo de reunión y volver al modo de trabajo. También les da diez minutos extra para una rápida meditación o para tener en cuenta las complejidades inesperadas que puedan surgir.

No empiecen sus reuniones dentro del horario de trabajo. Suena contradictorio, pero es verdad. Las horas de reunión estándar hacen que los empleados se sientan complacientes y pueden terminar llegando tarde. Hacer su reunión a las 8:19 am en punto hará que la reunión parezca más importante y menos rutinaria. Será un reto para tus empleados ser detallistas y llegar a tiempo. Y si es una reunión al mediodía, algunos de tus empleados pueden legítimamente llegar tarde debido a los negocios en curso. El tiempo de reunión fuera de horario les permite un margen sin llegar tarde.

La regla de los tres rebotes es conocida por la mayoría de los buenos gerentes. Establece que tan pronto como un tema ha tenido tres intercambios de ida y vuelta, el tema es presentado para otra reunión. Esto evita que el tema domine la reunión y haga descarrilar los otros temas importantes. Esta es la prima de la regla de los cinco minutos.

No descuides el impacto; el impacto que trabajo de una persona tiene en el equipo, para bien o para mal. Cada acción tiene una reacción igual y opuesta, después de todo. Las acciones tienen consecuencias, asegúrate de que los miembros de tu equipo lo sepan.

Siempre ten una agenda. Esto hará que tus reuniones se desarrollen sin problemas y a tiempo y evitarás que algo se pierda o se olvide. Una agenda te dirá cuánto tiempo tienes que dedicar a cada tema. De hecho, el tiempo de espera. ¿Tiene una hora para la reunión y cinco temas? Ninguno tiene más de veinte minutos. Asegúrate de que eso de tiempo para interrupciones inesperadas.

Hablando de interrupciones, los teléfonos inteligentes son una gran distracción durante el día, así que considera hacer una regla que los teléfonos inteligentes no estén permitidos en las reuniones.

Los empleados generalmente mantienen un horario para los obreros o un horario para los gerentes. Los gerentes están acostumbrados a tener reuniones, pero los obreros están acostumbrados a trabajar más y a reunirse menos, si es que lo hacen. Para un obrero, un horario de mediodía puede abrir un hueco en su día productivo, interrumpiendo seriamente el flujo de trabajo y reduciendo la productividad. Los gerentes hacen poco más que tener reuniones. Por lo tanto, si vas a programar una reunión con un obrero, hazlo a primera hora de la mañana para que pueda volver a su diseño de logotipo o proyecto. Los gerentes deben estar a su disposición en cualquier momento.

Dicho esto, algunas reuniones deberían ser más largas. Su personal apreciará las reuniones superficiales y eficientes, sí. Pero también anhelan reconectarse a un cierto nivel humano, y las grandes reuniones permiten eso. Dales la oportunidad de chismorrear un poco, de ponerse al día sobre cómo están las esposas o maridos o hijos de los demás. Déjalos ser personales en el contexto del trabajo. Pero hazlo sólo cuando parezca razonable, no con cada pequeña reunión. Y cuando lo hagas, déjalos que se den el gusto (y date el gusto a ti mismo también) para que no dure demasiado. Diez minutos más o menos deberían bastar. Entonces, ¡vuelve al trabajo!

Hablando de distracciones como los Smartphones, hay otras distracciones comunes de fuera de la oficina que tendrás que vigilar, tanto como puedas. Las distracciones internas incluyen la fatiga, la enfermedad, los problemas o preocupaciones personales, y soñar despierto. No hay mucho que puedas hacer aquí, pero apoya gentilmente al miembro de tu equipo y anímalo a obtener cualquier ayuda profesional que necesite. Eso será bueno para ellos y, por lo tanto, bueno para tu negocio.

Las distracciones en el lugar de trabajo hacen que entre el 70% y el asombroso 99% de los empleados de oficina se sientan distraídos. El empleado promedio se distrae aproximadamente 56 veces al día. Los mismos estudios también nos dicen que el trabajador promedio toma aproximadamente 2 horas en el curso del día para pasar de las distracciones al trabajo real.

Las distracciones también afectan a los trabajadores. De los encuestados, el 54% de los directores o gerentes de las empresas informan que sienten que no están rindiendo tan bien como deberían, mientras que el 50% informan ser significativamente menos productivos. El 20% informa que no puede alcanzar todo su potencial profesional. Se ha demostrado que las mayores distracciones también tienen un efecto negativo en la memoria.

El uso del teléfono móvil, Internet y los chismes son las tres causas principales, aunque no las únicas. Por supuesto, la gente acude a sus teléfonos móviles en gran parte para usar Internet, por lo que esa distracción en particular es particularmente problemática.

Internet es una gran distracción, pero es una gran parte de la jornada laboral para tantos gerentes y fabricantes, que es imposible prohibirlos; lo mismo ocurre con los teléfonos inteligentes. Pero hay aplicaciones que puedes instalar en los ordenadores de tu oficina, como *Strict Workflow* y *StayFocusd*, que pueden limitar el acceso de tus trabajadores a ciertos sitios web que distraen más.

Otra distracción común son los compañeros de trabajo que hablan. Ciertamente, quieres que sean amigables y que interactúen libremente, pero la atención se centra inevitablemente en temas personales y chismes. Esto puede llevar a rumores, peleas, sentimientos tóxicos que pueden llegar a ser contagiosos y propagarse por todo el equipo. Es mejor limitar esto si puedes. Pero tampoco seas demasiado autoritario. Corrígelos si es necesario, y luego sé firme y razonable. Explícales que te gustaría sacar el máximo provecho de sus esfuerzos durante las horas de trabajo, y que se pueden discutir otras cosas fuera de las horas de trabajo, si es necesario. Y siempre desalienta los rumores y chismes. Ese nunca es un comportamiento aceptable, especialmente no en un ambiente de oficina. Es tentador y divertido, pero recuérdales los beneficios de la autodisciplina y los inconvenientes de la negatividad. Incluso si no están de acuerdo, mi suposición es que captarán la indirecta.

Evita la política en la oficina también. Deja claro a todos que tu diriges una meritocracia. El elogio y la recompensa van para aquellos que se desempeñan en base a los resultados, no en base a la persona. Suena familiar, ¿verdad? Bien.

Otro tema que genera distracciones, es el ruido de fondo generado por los trabajadores que son demasiado ruidosos. Ya sea que estén al teléfono con un cliente o charlando con un compañero de trabajo, el volumen de estas voces puede convertirse en una distracción. Es una queja más común de lo que se piensa entre los trabajadores de las empresas hoy en día. Intenta mantener una regla de la biblioteca en la oficina y limita cualquier charla a un volumen bajo, un límite de tiempo corto y una prioridad de alto valor. Si es importante, hazlo rápido y mantenlo en silencio. Comer de una forma ruidosa es una molestia similar.

Limita las visitas personales a la oficina; los cónyuges con hijos o incluso las mascotas, son muy perturbadoras para el flujo de trabajo de la oficina. Puedes seguir teniendo fiestas de cumpleaños en la oficina y picnics corporativos donde todo el mundo es bienvenido. Pero el tiempo de la oficina es para los negocios de la oficina.

Es mucho que cuidar, pero creo que encontrarás que vale la pena. Los estudios muestran que el 75% de los trabajadores reportan hacer más con menos distracciones, y el 57% de las personas reportan sentirse motivados para hacer lo mejor. El 51% informó sentirse más confiado, y el 44% cree que su trabajo ha mejorado. Esos son números impresionantes, pero piensa en toda esa productividad que pierdes si no manejas las distracciones de la oficina de manera eficiente.

Entre los consejos más prácticos para hacer frente a las distracciones se incluyen los auriculares con cancelación de ruido, que también combaten otra gran distracción: los compañeros de trabajo ruidosos.

Hemos hablado sobre las distracciones en el trabajo y cómo manejarlas, pero cada vez más personas trabajan desde casa, y eso es probable que no cambie. Entonces, ¿cómo lidiamos con las distracciones de casa mientras hacemos el trabajo de la oficina?

La familia tendrá constantes demandas sobre ti, y entre ellos están las personas a las que es más difícil decir que *no*, como a tu amado esposo y tus adorables niños. Pero vas a tener que ser firme, dejarlos a todos, y explicarles que tienes un día de trabajo, de 8 am a 5 pm o lo que sea. Durante ese tiempo, no debes ser molestado. Tal vez ahora veas lo importante que es entrenarte para poder decir que no, porque esta será la prueba más grande. Y no sólo sucederá una vez, tal vez tengas que recordárselo de vez en cuando... a lo largo del día.

Lo mismo va para tus vecinos. Tu alegre vecino puede verte en tu casa y suponer que tienes tiempo para charlar. Acláraselo amablemente. Si puedes decir que no a tu familia, probablemente puedas decepcionar a tus vecinos.

Podrías considerar invitar a tus vecinos a disfrutar de una barbacoa para compensar el tiempo que pasaste trabajando. Eso tendrá todos los beneficios de cocinar, socializar y despejarte.

Las tareas domésticas son otra distracción más propia del hogar. Las oficinas son generalmente limpiadas por un equipo en medio de la noche. Pero evita las tareas domésticas como una distracción. Esperemos que tengas un compañero de apoyo en tu familia que pueda llenar esta brecha. Incluso tus hijos pueden estar dispuestos a contribuir y ayudar. Eso sería una buena lección para ellos en casi todo lo que hemos visto en este libro, desde la autodisciplina hasta la autoeficacia y el sentido de conexión entre ellos y su entorno.

La comida y la bebida son otras distracciones orientadas al hogar. Puede que tengas una máquina de aperitivos o una máquina de refrescos en la sala de descanso, pero probablemente no tengas una nevera llena de deliciosas sobras, una variedad de bebidas o té caliente. Tus sentidos son difíciles de vencer, y te motivarán a distraerte. No lo hagas. Oye, nada que valga la pena es nunca fácil, ¿verdad? Si retrocedes aquí, trabajarás menos y aumentarás de peso, esta es la fuente de todo tipo de malos comportamientos. ¡No digas que no fuiste advertido!

HACER DINERO ES ALGO DE LO QUE DEBERÍAS DISFRUTAR...

Seamos honestos. Los negocios se basan en el beneficio. Ese beneficio no debe provenir del sufrimiento de otros, los sacrificios y las recompensas deben ser distribuidos equitativamente. Pero al final, los negocios hacen dinero, o fracasan. Y una buena gestión corporativa significa, asegurar el éxito de la empresa, no su fracaso. El éxito corporativo es tu gran tarea a largo plazo, todo lo demás que haces profesionalmente es un hito. Algunos son tan grandes que son tus propias grandes tareas, que se descomponen, y así sucesivamente.

Pero el dinero conlleva un peso para mucha gente. Pueden tener sentimientos de culpa por tener demasiado o vergüenza por tener demasiado poco. Cambia a algunos y puede arruinar a otros. Sin embargo, es algo que realmente necesitamos. Y es parte del ciclo del comportamiento positivo. El dinero significa éxito, libertad para disfrutar de las cosas más finas de la vida. Nos permite ayudar a los que quieren o necesitan. Nos permite salir de las emergencias, trayendo estabilidad y falta de estrés. Por mucho que odiemos admitirlo, es por lo que muchos de nosotros estamos trabajando tan duro.

Básicamente hay dos direcciones en las que el dinero fluye, dentro y fuera. Puede entrar como ingresos, dividendos o beneficios de inversión, herencia, o por la suerte, como ganar la lotería. Sale en forma de gastos como comida y vivienda, transporte y necesidades, lujos y diversiones, impuestos y penalidades por préstamos.

Las inversiones y los ahorros representan una extraña dicotomía. El dinero puede salir de tu cuenta bancaria, pero se mueve a tu cartera de acciones, por lo que no se gasta realmente. Pero tampoco está en tu cuenta bancaria. Los ahorros, por otro lado, representan el dinero que entra y no sale. Los ahorros son más difíciles de conseguir en estos días, y es una parte crucial de la estabilidad financiera. La mayoría de los estadounidenses consultados hoy en día, reportan tener menos de 400 dólares en el banco.

Si tus finanzas se están saliendo de control, siempre recurre a lo que has aprendido aquí. Si pagar una tarjeta de crédito es una gran tarea, divídela al estilo Pomodoro, y enfréntala en cantidades más pequeñas (siempre y cuando cumplas con el pago mensual mínimo, por supuesto).

Lo primero que debes que hacer para abordar tus finanzas personales, no te sorprenderá al oírlo, es hacer una serie de listas, registros y planes. Lo primero que necesitas es un presupuesto. Anota cuánto ganas en un mes y súmalo, luego cuánto gastas; en necesidades como el alquiler y la comida, y en lujos. Si tu columna de lujos es demasiado alta, simplemente reduce el gasto en esas cosas. Sacrifícalas hasta que tus finanzas vuelvan a estar en orden. Entonces podrás volver a una o dos de ellas, si todavía quieres.

Lujos comunes que seguramente puedes cortar de la lista (temporalmente) es comer fuera. La comida casera sabe mejor que la comida preparada, y obtienes todos los beneficios de la cocina; las habilidades meditativas y creativas y de organización, la gratificación instantánea, el auge de la confianza en ti mismo.

Asigna alrededor del 20% de tus ingresos a las prioridades financieras, y el 30% a los gastos de estilo de vida. Pero apégate a eso y no dejes que los treinta se conviertan en treinta y cinco, cuarenta o incluso más. Ya que tu alquiler o hipoteca es probablemente alrededor del 30% de tus ingresos, tus gastos personales deben ser necesariamente limitados.

Recorta esas cuentas de tarjetas de crédito pagando una cierta cantidad sobre el mínimo cada mes. De lo contrario, nunca saldrás de ellas. Mientras estás en ello, corta el cable. Estás pagando mucho por cosas que no ves. ¿Por qué no suprimirlo y ver sólo lo que quieres ver en YouTube? Al menos puedes saltarte el anuncio en 5... 4... 3... 2...

Puede que quieras guardar las tarjetas por un tiempo. No empeores una mala situación. Comprométete a utilizar una base de sólo efectivo durante una semana al mes. ¡Aléjate de esas tarjetas de crédito!

Planea ahorrar algo cada mes. Guarda la misma cantidad cada mes y haz el depósito el mismo día cada mes. Puedes crear una cuenta de ahorros especial y luego transferir el dinero en línea, así que una visita al banco no sería necesaria.

Algunas personas disfrutan del "ayuno" de gastos, en el que no gastan nada durante un período determinado. ¿Puedes hacerlo dos días? ¿Tres? ¿Cinco? Aunque no puedas hacerlo más de dos, sigues ahorrando.

No te comprometas a ningún gasto mensual recurrente. Puedes perder la pista y terminar gastando mensualmente en cosas que no necesitas o tal vez incluso no quieres. Si tienes cargos continuos, haz una lista de ellos y haz un seguimiento por gasto y valor. Piensa en reducir tus cargos actuales a la mitad o más si puedes. Los ahorros se acumularán automáticamente si acabas de cortar esa suscripción a Netflix.

Otra buena manera de vigilar tus finanzas es la vieja y moderna búsqueda de gangas. Cada vez están más presentes. Existen aplicaciones para smartphones que se dedican a ahorrar dinero en seguros de coche, noches de fiesta, todo tipo de artículos por los que puedas estar gastando demasiado. También hay tiendas de venta al por menor que ofrecen grandes descuentos. Cuando hagas la compra, estate atento a las ofertas. Y lleva a tu supermercado local una tarjeta del club de ahorro si tienen una. Podrías ahorrar más del 20% por cada visita a la tienda de comestibles.

Como muchas de las cosas que hemos discutido, ser bueno con el dinero requiere práctica, pero hay muchas buenas maneras de hacerlo. Y los resultados, seguro que harán tu vida y tus otros esfuerzos mucho más fáciles y libres de estrés.

Manejar el dinero, como todo lo que hemos discutido, requiere de un amigo que te apoye. Esta persona puede ser tu cónyuge, tu gerente de negocios, tu contador, un amigo o un miembro de la familia. Pero seguro que necesitarás ayuda en algún momento. Esta tarea particular, a largo plazo, puede requerir más de un amigo, sino toda una red de apoyo. Tu cónyuge e hijos, si los tienes, deben participar en la campaña, ayudándote a ahorrar también.

Aquí hay algunos trucos que te serán útiles cuando se trata de dinero:

Nunca saques un préstamo para otro. Corroerá una relación familiar, y podría destruir tu crédito y costarte una fortuna. Esta vez debería ser fácil decir que no. Dicho esto, muchos padres firman préstamos para sus hijos adultos; primeros coches, alquiler de apartamentos. Pero esto no es lo habitual e incluso puede estar lleno de dificultades.

Si eres un estudiante, ve a por cada préstamo, subvención o beca del estado que puedas encontrar. Evita los préstamos estudiantiles como la peste si puedes. Si ya tienes dificultades con los pagos como estos, busca en los planes estatales de asistencia u otras opciones de pago.

VIVE UNA VIDA DE OCIO ADEMÁS DE TUS RESPONSABILIDADES

Toda esta planificación podría y debería llevarte a un poco más de tiempo libre. Pero cómo pasas ese tiempo libre, es importante para tu plan general. Si vives saludablemente durante la semana y luego sales y te destrozas los fines de semana, sufrirás una reducción de productividad más tarde.

Las investigaciones indican que los adultos en los EE.UU. disfrutan de aproximadamente 40 horas de tiempo fuera del trabajo. Los hombres y las mujeres parecen pasar unas cinco horas al día en el llamado tiempo libre. Este es tiempo fuera de las responsabilidades de las tareas domésticas, el trabajo, las actividades curriculares y religiosas. Viendo la televisión, sentados en el jacuzzi, lo que sea.

El tiempo libre tiende a atraernos a actividades o eventos, pero no todos tienen el mismo valor. Cuando se te presenta una oportunidad de tiempo libre, pregúntate: "¿Me dará esto una buena historia que contar? ¿Me cambiará, de alguna manera, positivamente? ¿Me permitirá relajarme y apoyar mis relaciones personales? ¿Es un desafío? ¿Me llena de un sentido de asombro o llenará mi corazón de bondad? ¿Mejorará mi posición social? ¿Traerá consuelo o felicidad a alguien que amo?"

Si la respuesta es sí, definitivamente deberías ir. Si no, dale más consideración y más discreción.

NINGÚN HOMBRE ES UNA ISLA, LAS RELACIONES QUE CONSTRUYES SON NECESARIAS PARA TU VIDA.

Una de las mejores maneras de fortalecer cualquier relación, es ser un buen oyente. Se ha dicho que el mejor conversador que conocerás sólo habla de un tema... des sí mismo. Y esto es en gran parte cierto. En primer lugar, somos una cultura egocentrista, y muy pocas personas hacen algo más que hablar sobre sí mismos de todos modos. En lugar de competir por su atención, que puede no valer la pena tener en primer lugar, sólo dales lo que quieren. Pregúntales acerca de sí mismos, desvía las preguntas acerca de ti, y sé un buen oyente. No sirve de mucho si estás constantemente haciendo pregunta tras pregunta, interrumpiendo las respuestas que se supone que debes escuchar. Sólo escucha.

Aun así, no es tan fácil como parece. Nuestro entorno competitivo nos anima a hablar por nosotros mismos, a tocar nuestros propios cuernos, a pensar lo mejor de nosotros mismos, a sacar el máximo provecho de nosotros mismos y de cada oportunidad. Pero mucho de eso significa presentarse como una persona interesada y cuidadosa, alguien que no está empeñado en aprovechar al máximo cada oportunidad, sino en permitir que la otra persona haga lo mismo.

Se necesita una voluntad y un autocontrol sorprendentes. Y como todas las cosas de las que hemos hablado hasta ahora, requiere una cierta profundidad de comprensión. Y hay más en el arte de escuchar de lo que puedas saber.

Primero, siempre habrá alguna discrepancia entre lo que una persona intenta decir y cómo lo interpretas tú. Es una desventaja natural del lenguaje. Y se agrava con los correos electrónicos y los textos, que carecen de todas las sutilezas y posibilidades de reacción de una conversación en vivo, donde al menos puedes oír la voz de la persona y ver su cara. No hay mejor manera de ser malinterpretado que enviar un correo electrónico o un texto.

El lenguaje es importante porque es lo que mejor nos representa. No se puede juzgar un libro por su portada, dicen, pero el lenguaje de una persona es lo que está impreso en las páginas de su alma.

Y hay dos variedades del arte de escuchar. Hay una escucha pasiva y otra activa, y debes saber qué es lo mejor y hacia cual te inclinas para sacar el máximo provecho de tu relación.

El oyente pasivo no escucha realmente, sólo tolera su tiempo para esperar hasta que pueda expresar su posición. No están a punto de ser influenciados o incluso comprometidos. El oyente activo tiene en cuenta lo que el otro está diciendo, digiriéndolo, listo para ser movido por él.

Es imposible perder el paralelo entre una mentalidad de crecimiento o una mentalidad fija. El oyente pasivo es probable que tenga una mentalidad fija, no dispuesta a considerar las posibilidades de cambio. El oyente activo, orientado al cambio, es mucho más probable que tenga una mentalidad de crecimiento.

Pasar tiempo con los amigos y la familia es crucial para fortalecer tus relaciones, por razones obvias. Estas son las relaciones más fuertes que tienes. Tus influencias más formativas fueron primero tu familia y luego tus amigos, por lo que estos son los grupos que mejor sirven para ser tu red de apoyo, la cuna de tu vida no profesional.

Una red de apoyo tan íntima, en contraposición a una red de apoyo laboral de compañeros de trabajo amistosos, ofrece un sentido de pertenencia, seguridad y aumento de la autoestima. Se dice que reduce tus niveles de estrés (¡si no estás en mi familia!) y todos los chistes aparte, los estudios lo confirman.

Las relaciones románticas, como las relaciones familiares y las amistades de larga data, tendrán altibajos a lo largo de los años, a medida que los individuos experimenten sus propios cambios. Por lo tanto, deberías estar tan dispuesto a ser tolerante con los cambios de la otra persona, como esperarías que esa persona lo hiciera por ti, Recuerda la llamada *Regla de Oro: Trata a los demás como te gustaría que te traten a ti.*

Las relaciones son únicas, así que cada una debe ser tratada en sus propios términos. Si estás dispuesto a tratar con la otra persona en tu vida en sus términos, tienes una buena oportunidad. Si sólo estás dispuesto a tratar en tus propios términos, podrías terminar solo. Pero tu pareja se enfrentará a los mismos desafíos, así que piensa en ello como si los enfrentasen juntos.

Las relaciones de todo tipo se tratan de dos cosas: sentimientos y comunicaciones. A menudo, sentimos una cosa, pero decimos otra, para protegernos o porque no tenemos la capacidad de decir lo que realmente sentimos. Eso tampoco es tan fácil como parece. Por ejemplo, puedes tener respeto por una persona, pero eso no es suficiente si actúas y la tratas sin respeto. Tienes que mostrar respeto, o tus sentimientos serán irrelevantes para esa persona. No basta con amar, tienes que demostrar amor, comunicarlo con éxito.

La otra cara de la moneda no es demostrarlo sino recibir ese sentimiento. Una persona puede simplemente no sentirse amada o comprendida. Siempre hay que tener en cuenta, no sólo lo que se siente y tal vez no se comunica, sino también lo que el otro escucha y tal vez no lo procesa.

Si no estás de acuerdo, se respetuoso. No lo personalices. Pon el énfasis en los resultados de la tarea o en el valor del trabajador. El enfoque más saludable es en la cosa, no en la persona. Y esto sólo tiene sentido porque una cosa no puede ser insegura o insultada o atacada, pero una persona estará más que lista para hacerlo. Así que resuelve ser tan respetuoso como puedas en los desacuerdos. No insistas en tener la razón, ¡pero exprésate para evitar pensar demasiado después!

Para una relación exitosa, no te alejes de tus otros intereses y relaciones. Una vida feliz es una vida completa. Cuanto más te enriquezcas fuera de la relación, más podrás aportar a la relación.

Y ten cuidado con cualquier pareja que intente separarte de tu familia o tus amigos, a menos que sean realmente abusivos en un sentido criminal. El concepto de un divisor, o una personalidad codependiente, es un elemento bien conocido en las relaciones. Se trata de una personalidad que busca aislar y controlar a la otra persona, destruyendo su confianza en sus relaciones anteriores.

Recuerda que hay una diferencia entre enamorarse y permanecer enamorado. Lo primero puede ser caótico y aleatorio, pero lo segundo es casi siempre el resultado de un esfuerzo continuo de ambas partes.

Por lo demás, todo en este libro cubre el romance como si fuera un gran objetivo a largo plazo (el amor de toda una vida) compuesto por una serie de metas e hitos (citas, compromisos, matrimonio, permanecer casado) que son recompensados y requieren planificación y una mentalidad positiva y así sucesivamente. Inclínalo de la manera correcta, ¡acabas de leer el mejor manual de citas de todos los tiempos! Para mencionar sólo algunas, las técnicas que hemos aprendido y que más entran en juego en el ámbito romántico, incluyen el compromiso programado (fines de semana, celebraciones), el aprendizaje de nuevas habilidades (que se comparten, como clases de baile o degustación de vinos), la recreación y el autocuidado (y el cuidado mutuo, en este caso), el voluntariado conjunto (en un banco de alimentos o ayudando con una iniciativa de limpieza de la ciudad),

Hacer cosas juntos que beneficien a los demás. Comunícate de forma clara y respetuosa, pero también toma nota de las señales físicas que puedes obtener del otro. Y sé honesto, ya que tu lenguaje corporal probablemente te delate y no querrás que te llamen mentiroso por derecho.

Ten cuidado con el estrés, que puede hacer que malinterpretes lo que tu pareja dice o transmite. En tiempos de estrés, puede ser mejor evitar ir demasiado profundo. Espera hasta que ambos estén más calmados y sean más razonables. Recuerda la influencia de las emociones en nuestro comportamiento y actúa en consecuencia.

Como con las otras cosas que hemos visto, es crucial abandonar el perfeccionismo en una relación. Nadie es perfecto, y ninguna pareja es absolutamente perfecta.

UNA VIDA ESPIRITUAL SINCERA

Bueno, tal vez Dios es perfecto, lo cual es uno de los aspectos más atractivos de la religión. No sólo proporciona regimiento a nuestras vidas, y socialización, educación, incluso filosofía. Algunos se centran más en el aspecto etéreo, otros en el aspecto social más terrenal. De cualquier manera, puede ser muy bueno para desarrollar habilidades personales y convertirse en una persona mejor, más feliz y más completa.

Los beneficios de la espiritualidad incluyen la tranquilidad, una visión más clara del perfeccionismo y sus defectos, pero al mismo tiempo fomenta un sentido más fuerte de autoeficacia y valor, y eso alienta el autodiscurso positivo. La espiritualidad puede proporcionar un significado, algo en lo que centrarse en el camino de la meditación. Ayuda a fomentar la simpatía por los demás y las conexiones con los demás, y genera una mentalidad de crecimiento.

Las investigaciones muestran que los religiosos se recuperaron más rápido de varios tipos de cirugía de corazón que los de fe más débil o sin fe. Los que asisten a los servicios religiosos parecen vivir más que los que no lo hacen.

Para buscar una vida más espiritual, cualquiera de las principales religiones organizadas te dará amplias oportunidades. No hay tiempo para estudiarlas aquí, pero tus bibliotecas, librerías y tiendas de Internet están llenas de libros sobre todas ellas, y desde todos los ángulos.

Una vez que encuentres la religión que mejor exprese tus creencias, participa. Jesús dijo, "La fe sin obras está muerta". Así que, sal y actúa con esa fe. Verás que tiene todos los beneficios de los muchos consejos y técnicas que ya hemos discutido, y por las mismas razones. Es genial para el autodiscurso positivo, la socialización, la gratificación, la concentración, la reducción del estrés, ¡y más!

Asegúrate de que la organización a la que te unes sea más espiritual que una organización, si entiendes lo que quiero decir. Una iglesia puede pedir hasta el 10% de tus ingresos como diezmo, o contribución al funcionamiento de la iglesia, y la mayoría de las pequeñas iglesias necesitan eso. Una organización legítima te animará a acercarte a tu familia y amigos. Cualquier organización que pida más del 10% o trate de separarte de tu familia y amigos debe ser evitada a toda costa.

Ponte cómodo con la noción de orador. No es tan diferente de tener un compañero de apoyo, ¡sólo que podría ser como el propio Jesús Cristo! Tienes una caja de resonancia y un mentor.

Leer textos religiosos tiene todos los beneficios de leer cualquier otra cosa. Estimula el cerebro, vigoriza el espíritu creativo, alienta la concentración ante la distracción infinita.

Comparte tus experiencias y puntos de vista con los demás. Dale voz y hazlo real. Esto es especialmente potente en el contexto de las religiones abrahámicas, especialmente el judaísmo.

Bueno, empezamos en lo profundo de nosotros mismos, y terminamos en los mismos cielos. Con suerte, has aprendido mucho en el camino. Si algo pareció poco claro, no te preocupes. Había mucho que digerir. Vuelve a leerlo de nuevo, sólo las secciones relevantes si quieres. Este libro fue escrito para ti, ¡así que por supuesto aprovéchalo al máximo!

CONCLUSIÓN

¡Felicidades! Acabas de haber sido expuesto a la última y mejor información sobre la procrastinación y el exceso de pensamiento y mucho más que eso. Tienes un puñado de consejos y trucos para aplicar estos conocimientos a tu vida cotidiana. Ahora eres capaz de adaptar una mentalidad diferente, una mejor perspectiva, con una mayor comprensión de los desafíos que tú y otros enfrentan en su vida diaria personal y profesional. Tienes todo lo que necesitas para vivir una vida más feliz, más exitosa y más satisfactoria. Tienes las herramientas para corregir un espiral descendente, para revertir tu discurso interno negativo y una mentalidad fija. Estás listo para probar la meditación, puedes ver los beneficios de un estilo de vida más saludable. Y todo lo que ahora sabes puede ser aplicado a tu vida inmediatamente. Aparte de unos pocos materiales, tienes todo lo que necesitas para corregir una vida de negatividad y crear la vida que siempre has querido. Uno de los principios rectores de Albert Einstein fue que, si puedes visualizarlo, es posible. Piensa en eso, y empieza a ver cómo será tu futuro una vez que apliques los datos, lecciones y técnicas que aprendiste en este libro.

Empezamos por cavar en el centro más profundo de tus pensamientos y creencias. Luego trabajamos hacia afuera en cada parte de tu cuerpo, virtualmente. Fuimos más allá, a través de tu ropa y tu entorno inmediato a las personas que te rodean, personal y profesionalmente. Vimos la influencia mutua que todos compartimos, y luego nos extendimos más a la ramificación social, a una pandemia mundial de procrastinación y exceso de pensamiento, el autodiscurso negativo, y la mentalidad limitante que son comunes en las personas de todo el mundo. Fuimos al Lejano Oriente para encontrar remedios como la meditación. Trascendimos la Tierra y miramos al cielo en busca de apoyo, a la India en busca de la sabiduría del budismo.

Y todo esto vuelve a ti; tu vida en todos los niveles. Tienes lo necesario para mejorar tu vida y ayudar a otros a mejorar las suyas. Te desearía buena suerte, pero ya no la necesitas. Ya tienes todo lo que necesitas para dar los siguientes pasos hacia un futuro más brillante. Como dije al principio de este libro, tu vida está en el precipicio de un gran cambio. ¡Sólo depende de ti!

CPSIA information can be obtained
at www.ICGtesting.com
Printed in the USA
BVHW042257051222
653544BV00001B/5